Economie, Politiek en de EUrocrisis

Begrijpen hoe welvaart ontstaat en vergaat

Bert Wenkenbach

Omslag ontwerp: Bert Wenkenbach

ISBN-13: 978-1543009484

ISBN-10: 1543009484

Printed by CreateSpace, An Amazon.com Company

Voor meer informatie en contact:

economy.wenkenbach.com

drukversie 02231702

Whoever wants lastingly to establish good government,
must start by trying to persuade his fellow citizens
and offering them sound ideologies. . . .
There is no hope left for a civilization,
when the masses favour harmful policies.

Ludwig von Mises

Economie, Politiek en de EUrocrisis

Begrijpen hoe welvaart ontstaat en vergaat

Voor Sibylle

en voor onze vrienden

Economics must not be relegated to classrooms and statistical offices and must not be left to esoteric circles. It is the philosophy of human life and action and concerns everybody and everything. It is the pith of civilization and of man's human existence

Ludwig von Mises

1 Inleiding

Economie lijkt steeds ingewikkelder te worden, zeker na de kredietcrisis van 2008 en de Eurocrisis die niet lang daarna uitbrak. Economen vallen over elkaar heen met theorieën en oplossingen. Vaak zijn die oplossingen ideologisch gedreven en wordt de crisis als vehikel gebruikt om politieke standpunten door te drukken. Die voeren tot op heden steeds in de richting van meer regelgeving, een grotere staat en meer Europa. En economisch gezien voeren die ideeën ook tot een nog sterkere rol van een centrale bank en een nog lossere geldpolitiek.

Oorzaak en gevolg zijn niet meer uit elkaar te houden. Niet door (zelf verklaarde) experts en economen, niet door politici die vaak ontstellend weinig van die economische principes afweten en niet door de gemiddelde burger. Toch hebben economische basisprincipes vooral met gezond verstand te doen. Vaak zijn ze in het oerwoud van politiek geïnspireerde overheidsmaatregelen echter niet meer als zodanig herkenbaar. Economie wordt dan politieke economie, maar daarmee zijn die basisprincipes niet verdwenen, ze zijn hooguit lastiger herkenbaar.

De politiek voelt zich echter steeds weer geroepen "maatregelen te nemen" en omdat oorzaak en gevolg toch al slecht begrepen worden, werken de maatregelen bijna altijd averechts. Meestal is de conclusie dan niet dat een maatregel achteraf verkeerd blijkt te zijn, maar dat "het niet genoeg was". Maar iemand die eens de tijd zou nemen om de huidige economische situatie vanaf het begin te doordenken, zal zien dat de "oplossingen" juist de problemen zijn.

Daarom heb ik in dit boekje een poging gedaan de kluwen te ontrafelen. Het is geschreven voor mensen die geïnteresseerd zijn in de economische principes en die willen weten hoe overheidsmaatregelen en politieke besluiten daar decennia lang hun invloed op hebben uitgeoefend. Het is vooral ook geschreven voor iedereen die altijd al eens wilde weten "hoe het nu werkelijk zit", misschien het gevoel had dat veel zaken anders zijn dan ze lijken, maar om wat voor reden dan ook nooit tijd heeft kunnen maken er eens "in te duiken". Vakjargon en ingewikkelde beschouwingen zijn zoveel mogelijk weggelaten. Als principes kloppen, moet iemand die de tijd neemt deze principes eens te doordenken, ze intuïtief ook kunnen begrijpen en kunnen toetsen of ze juist zijn.

Voordat ik de lezer "loslaat" om zich in de thema´s van dit boekje te verdiepen, is het goed nog even stil te staan bij wat het begrip economie nu precies inhoud. Daarvoor leen ik van Dr. Jan Vis, adjunct-professor en kerndocent van de opleiding Business Valuation van de RSM Erasmus University, met zijn toestemming een stukje uit één van zijn college´s:

Economie is een deelwetenschap van de praxeologie. Dat is de leer van het handelen. Waarom handelen wij? De praxeoloog geeft als antwoord: omdat de handelende mens verwacht na de beoogde handeling in een betere positie of situatie te verkeren dan daarvoor. De beoogde handeling dient derhalve waarde toe te voegen. Daar ieder mens in een 'eigen' positie en situatie verkeert en over ongelijke mogelijkheden beschikt is sprake van subjectiviteit. Het woord subjectief betekent: uit een subject (het denkende ik) *voortkomend. Het begrip economische waarde is derhalve per definitie subjectief. Objecten hebben slechts waarde indien de mens het desbetreffende object kan gebruiken om de eigen positie of situatie te verbeteren. Dergelijke objecten kunnen met de term 'economisch goed' worden aangeduid. Deze goederen hebben in de ogen van het waarderend subject nut.*

Het vorenstaande betekent ook dat tussen waarde en prijs een belangrijk verschil bestaat. Prijs is het sluitstuk van een op vrijwillige basis aangegane transactie. Waarde, voor derden niet waarneembaar, is het belang dat iemand aan een goed hecht. Wil sprake zijn van toegevoegde waarde dan is het duidelijk dat de te betalen prijs lager moet zijn dan de te verkrijgen waarde. Als een transactie tot stand is gekomen zijn partijen het eens over de prijs maar per definitie oneens over de waarde. Transacties komen tot stand omdat marktpartijen vanuit een verschillende positie of situatie op verschillende wijzen naar de toekomst kijken.

Menselijk handelen is mede gebaseerd op een universele tijdvoorkeur. Mensen willen liever eerder dan later in de door hen geprefereerde positie/situatie terecht komen. Het is deze tijdvoorkeur die het ontstaan van rente verklaart.

Om het boek snel toegankelijk te maken een korte leeswijzer. Net als bij een pizza is het belangrijk bij de bodem te beginnen. Hier zijn dat de monetaire- en de economische principes (H2 en H3). Vervolgens wordt aangegeven hoe de belangrijkste factoren die een overheid kan beïnvloeden, uitwerken op deze principes (H4). Hoe een overheid zich opstelt is afhankelijk van de politieke- en maatschappelijke keuzes die in een samenleving gemaakt worden (H5). En die zijn weer afhankelijk van de Zeitgeist (H6). Een extra hoofdstuk (H7) is gewijd aan de EU en de Euro. Niet alleen omdat dit een actueel onderwerp is, maar ook omdat daar zo duidelijk zichtbaar is hoe politiek wensdenken tot een situatie heeft geleid waarin men steeds verder weg komt van datgene dat men oorspronkelijk wilde bereiken. Vooral omdat de economische basisprincipes niet worden gerespecteerd. Eigenlijk is het de ultieme vorm van politieke economie.

Een boek en zeker een boek als dit, schrijf je nooit alleen. Je bouwt om te beginnen door op wat veel mensen voor je al aan kennis beschikbaar hebben gesteld, in boekvorm of op het internet. In dit verband ben ik erg geïnspireerd geraakt door de economen van de Oostenrijkse School. In het laatste hoofdstuk (H8) ga ik meer in op deze enerzijds vrij onbekende, anderzijds zeer belangrijke school van economische denkers.

Maar een auteur kan ook niet zonder de inspiratie en reflectie van een paar scherpe denkers in zijn of haar omgeving. Mensen die je enerzijds het hemd van het lijf vragen of kritisch kijken naar hetgeen je schrijft. Maar ook als klankbord willen dienen en daar steeds weer de tijd voor nemen. In dat kader wil ik allereerst mijn vrouw Sibylle bedanken en natuurlijk vriend en marktveteraan Bruin. Zonder hen zou dit boek er in deze vorm nu niet zijn geweest. Ook wil ik hier de voorzitter en secretaris van het Ludwig von Mises Instituut Nederland bedanken. Ze hebben mij aangemoedigd dit boek, dat in 2014 oorspronkelijk alleen voor onze vriendenkring geschreven was, ook daadwerkelijk uit te geven. En ze hebben mij daarbij met praktische raad en daad bijgestaan. Ten slotte veel dank aan Dr. Jan Vis. Het was voor mij heel waardevol dat iemand met zijn achtergrond het boek echt kritisch heeft bekeken en van commentaar heeft voorzien.

Bert Wenkenbach, januari 2017

He who knows nothing is closer to the truth
than he whose mind is filled with falsehoods and errors.

Thomas Jefferson, *derde president van Amerika*

2 Monetaire principes

2.1 Inleiding

Geldstromen vormen de bloedsomloop van de economie. Daarom is het belangrijk om, voor naar de economische basis principes te kijken, eerst een basiskennis van de monetaire principes op te bouwen. Ofwel, wat is geld en wat is krediet eigenlijk? En welke wetmatigheden zijn er op van toepassing.

2.2 Geld

Ooit begonnen economieën met ruilhandel. Graan werd bijv. voor vis geruild. Dat werkt wel, maar vraag en aanbod kunnen bij een ruilhandel sterk fluctueren. Soms is een oogst goed en soms slecht. Ook consumeert een mens geen 50 kilo vis in één dag en daarna het hele jaar niets meer. Zo ontstond de behoefte aan een intermediair ruilmiddel. Iets dat waarde behoudt. Graan wordt bijv. eerst naar dat intermediaire ruilmiddel geruild. Later, soms veel later, kan er dan weer vis, vlees of schoenen voor worden geruild (gekocht). Samenlevingen hebben in het verleden veel geëxperimenteerd met dit intermediaire ruilmiddel, maar al duizenden jaren geleden standaardiseerden de meeste economieën op goud en zilver. Dat werd als snel in muntvorm gebruikt *(figuur 2.1)*. Goud en zilver bederven niet en zijn niet inflatiegevoelig. Alleen via kostbare en risicovolle mijnarbeid kan het bovengrondse volume heel langzaam worden vergroot. En zo ontstond één van de eerste vormen van breed geaccepteerd geld, eigenlijk als het logische gevolg van handel en met als doel deze handel eenvoudiger te maken.

Figuur 2.1; gouden munten uit het Byzantijnse rijk, met daarop de afbeelding van keizer Justinianus II (668/669-711)
bron: http://www.cngcoins.com/

Zeker voor grote bedragen, was het lastig en ook gevaarlijk, om met een grote hoeveelheid fysiek goud rond te lopen. Handiger was het dat goud in bewaring te geven en het ontvangstbewijs, eigenlijk het bewijs van het goudbezit, bij de hand te houden. Er werd niet betaald met goud maar met de ontvangstbewijzen. Dat is het begin van papieren geld. Natuurlijk konden "bewaarbedrijven", de banken, de verleiding niet weerstaan om meer ontvangstbewijzen uit te geven dan er aan goud in de kluis lag. Maar zolang er genoeg goud was om de enkeling die zijn goud terug wilde hebben, dat goud ook daadwerkelijk terug te geven, was er niets aan de hand. Het geeft maar aan hoe eenvoudig met papiergeld (de ontvangstbewijzen) gemanipuleerd kan worden.

Er is veel over de historie van het banksysteem en over de ontwikkeling van papiergeld te vertellen, maar voor dit hoofdstuk is het belangrijk vast te stellen, dat tegenwoordig alle economieën ter wereld papiergeld hanteren. Geld dat door een centrale bank wordt uitgegeven. Het gebruik wordt ondersteund, eigenlijk afgedwongen, doordat staten "hun papiergeld" tot het enig wettige betaalmiddel verklaren. Ook belastingen kunnen alleen in dat papiergeld worden betaald. Dat geld wordt gedekt door de reserves van de centrale bank, vergelijkbaar met het goud uit het vorige voorbeeld. Die reserves bestaan voor het merendeel uit papiergeld van andere staten en voor een (zeer) beperkt deel uit goud. Papiergeld wordt voornamelijk gedekt door ander papiergeld, daar komt het op neer. Het werkt alleen zolang ieder vertrouwen houdt in dat geld. Daarom wordt het ook wel aangeduid met fiduciair geld. De Engelse benaming dekt de lading beter, fiat currency, geld per decreet.

Zolang mensen in de praktijk van alledag papiergeld aannemen, blijft het vertrouwen in het papiergeld van een economie ook bestaan. Als bij de dagelijkse boodschappen of de aankoop van een auto, het papiergeld door de verkoper ook als betaalmiddel wordt geaccepteerd, zullen die zelfde mensen ook hun salaris in dat papiergeld accepteren. De burger zal het gevoel hebben, dat het papiergeld gedekt is door de goederen die hij er voor kan kopen en dat het daarom waarde heeft. Dat is echter een onjuiste opvatting. Want, meestal door ongebreidelde geldcreatie door een centrale bank (*figuur 2.2* op de volgende pagina), kan het vertrouwen in het papiergeld toch verdwijnen. Het wordt dan niet meer geaccepteerd als betaalmiddel voor de boodschappen of voor die auto en het geld is waardeloos geworden. Dit is iets dat in het verleden steeds weer is gebeurd, het bekendste voorbeeld daarvan is Weimar-Duitsland. Uiteindelijk stookten mensen soms zelfs de kachel met de papieren bankbiljetten, omdat dat meer warmte afgaf dan het beetje kolen dat men nog met die bankbiljetten kon kopen. Zoiets is met gouden munten niet het geval, de intrinsieke waarde blijft de waarde van het goud, waarvan de munt is gemaakt. Bovendien is het nog nooit gebeurd dat een economie haar vertrouwen in goud als betaalmiddel heeft verloren. Wel kan de waarde van goud variëren.

Bundesarchiv, Bild 183-R1215-506
Foto: o.Ang. | Oktober 1923

Figuur 2.2; Weimar-Duitsland oktober 1923, gelduitgave door de Rijksbank in Berlijn. Let op het bord "verboden te roken", zoveel papier geld is natuurlijk brandgevaarlijk! bron: http://www.bundesarchiv.de/

2.3 Inflatie en deflatie

Inflatie zal voor veel mensen "stijgende prijzen" betekenen. Maar eigenlijk is dat een afgeleide van wat er monetair feitelijk plaatsvindt. Monetaire inflatie, is het vermeerderen (letterlijk opblazen) van de hoeveelheid geld die in een economie in omloop is. En monetaire deflatie is het verminderen van de geldhoeveelheid. Die hoeveelheid geld is niet alleen in absolute zin van belang, belangrijker is haast de geldhoeveelheid in verhouding tot de omvang van de economie. Anders gezegd, bij een bepaalde omvang van een economie, uitgedrukt in huizen, fabrieken, transportmiddelen, beschikbare dienstverlening, etc., "hoort" ook een bepaalde hoeveelheid geld. Dit geld maakt als intermediair ruilmiddel, economische transacties mogelijk. De prijzen van goederen en diensten hebben niet alleen een relatie met factoren als vraag en aanbod, maar vooral ook met de hoeveelheid geld die in omloop is. Vermeerdert de hoeveelheid geld die in een economie in omloop is t.o.v. de beschikbare hoeveelheid goederen en diensten, dan stijgt het prijsniveau* in die economie (de koopkracht van het geld neemt af). Vermindert de hoeveelheid geld dan daalt het prijsniveau in die economie.

---

* Het is niet zo dat de prijzen van alle goederen, diensten en investeringsobjecten in een economie, evenredig met de geldhoeveelheid mee stijgen of dalen. Hoe dat precies gebeurt, hangt o.a. af van vraag en aanbod, van het marktsentiment en van de manier waarop het geld waarmee de bestaande geldhoeveelheid wordt vergroot, in omloop komt.
In de jaren 70 stegen de prijzen van alle mogelijke consumptiegoederen heel snel, maar bleven bijv. de aandelenprijzen tussen 1967 en 1982 gemiddeld constant. In de jaren 90 stegen de prijzen van consumptiegoederen nog maar matig, maar begonnen aandelen (tot 2000) en huizen (tot 2007), gevoed door bankkrediet, aan een ongekende stijging.
Geld dat bijv. via centrale banken in omloop wordt gebracht, kan ook weer snel uit circulatie worden genomen, wanneer er massaal gespaard gaat worden, zie blz. 28.

Overigens, wanneer courante goederen of grondstoffen (goud, zilver), als geld zouden dienen, is deze monetaire inflatie helemaal niet mogelijk. Immers "papier geld" is met een drukpers eenvoudig te vermenigvuldigen, maar goederen moeten worden gemaakt en grondstoffen gewonnen. Dat gaat gepaard met arbeid en risico nemen. En dat vormt zo juist de "dekking" van het "goederen geld".

De toename van de hoeveelheid geld, dus monetaire inflatie, ontstaat wanneer een overheid meer uitgeeft dan zij aan inkomsten krijgt en het verschil leent van haar centrale bank. Deze beschikt zelf niet over dat geld maar drukt het geld in essentie bij. Zo komt meer geld in omloop. Wanneer een overheid dat geld na een bepaalde periode weer zou terugbetalen, zou het geld weer uit circulatie moeten worden genomen en aan de centrale bank moeten worden terugbetaald. De geldhoeveelheid zou dan weer afnemen en de lening bij de centrale bank zou zijn afgelost. Maar dat is theorie. Overheden pretenderen dat zij dit geld ooit weer terug zullen betalen maar proberen dat in de praktijk altijd te vermijden, omdat dat zou betekenen dat er op een later moment sterk bezuinigd moet worden, of dat de belastingen aanzienlijk zouden moeten worden verhoogd. Dat is politiek altijd lastig verkoopbaar. Daarom probeert men juist aanzienlijk extra inflatie te creëren, zodat de schuld eventueel wel nominaal terugbetaald wordt, maar het geld zelf niet meer dezelfde koopkracht heeft.

Deze extra inflatie wordt gecreëerd via het "Fractionele Banksysteem". Simpel gesteld komt het er op neer dat spaargeld, dat op een bankrekening wordt gestort, meestal tot 20 keer mag worden uitgeleend in de vorm van krediet. Er blijft slechts een "fractie" bij de bank achter, om spaarders eventueel hun tegoed terug te betalen. Iedere Euro of Dollar die eerst door een overheid "in existentie is geleend", wordt vervolgens via dit fractionele banksysteem nog eens vertwintigvoudigd. Dit fractionele banksysteem zorgt uiteindelijk voor de meeste geldgroei en dus de meeste monetaire inflatie.

Omdat het fractionele banksysteem zo'n belangrijke rol speelt bij het ontstaan van inflatie, is het belangrijk om er een goed begrip van te krijgen. In *figuur 2.3* op de volgende pagina is dit symbolisch weergegeven. Het systeem werkt als volgt:

De uitgangssituatie is zoals in deel A van de figuur gegeven. Stel Anna bezit € 1000, dat is op te vatten als haar deel van de totale geldhoeveelheid in een economie. Anders gezegd, het is haar deel van de totale hoeveelheid geld die in een economie in omloop is. Dat geld heeft zij niet op een bankrekening geplaatst, de bank bezit dus niets van dit deel van de geldhoeveelheid.

Nu besluit Anna dit geld op een bankrekening te storten, deze situatie is weergegeven in deel B van de figuur. Maar kort daarna wil Annemiek geld lenen van die bank om een mountain bike te kopen. De bank leent Annemiek de € 900 uit van Anna, maar houdt € 100 achter als reserve. Het zou kunnen zijn dat Anna op korte termijn weer een deel van haar geld van de bank wil halen en daarvoor moet er dus geld op de bank achter blijven. In het voorbeeld houdt de bank 10% van het oorspronkelijke bedrag achter. Deze 10% komt voort uit de regelgeving van het land waaronder de bank valt en wordt meestal door de Centrale Bank van dat land bepaald. In veel Europese landen was deze verhouding, voor de kredietcrisis van 2008, slechts ca. 5%. In een dergelijke situatie hoeft een bank dus slechts € 50 als reserve aan te houden en kan € 950 worden "doorgeleend". Op het moment dat Annemiek de € 900 van de bank in handen krijgt is er echter ook € 900 aan de geldhoeveelheid toegevoegd. Dit geld wordt door de bank "uit het niets" gecreëerd. Het wordt simpelweg op de rekening van Annemiek bijgeschreven, zonder dat het van de rekening van Anna wordt afgeschreven. Zo blijft Anna beschikken over

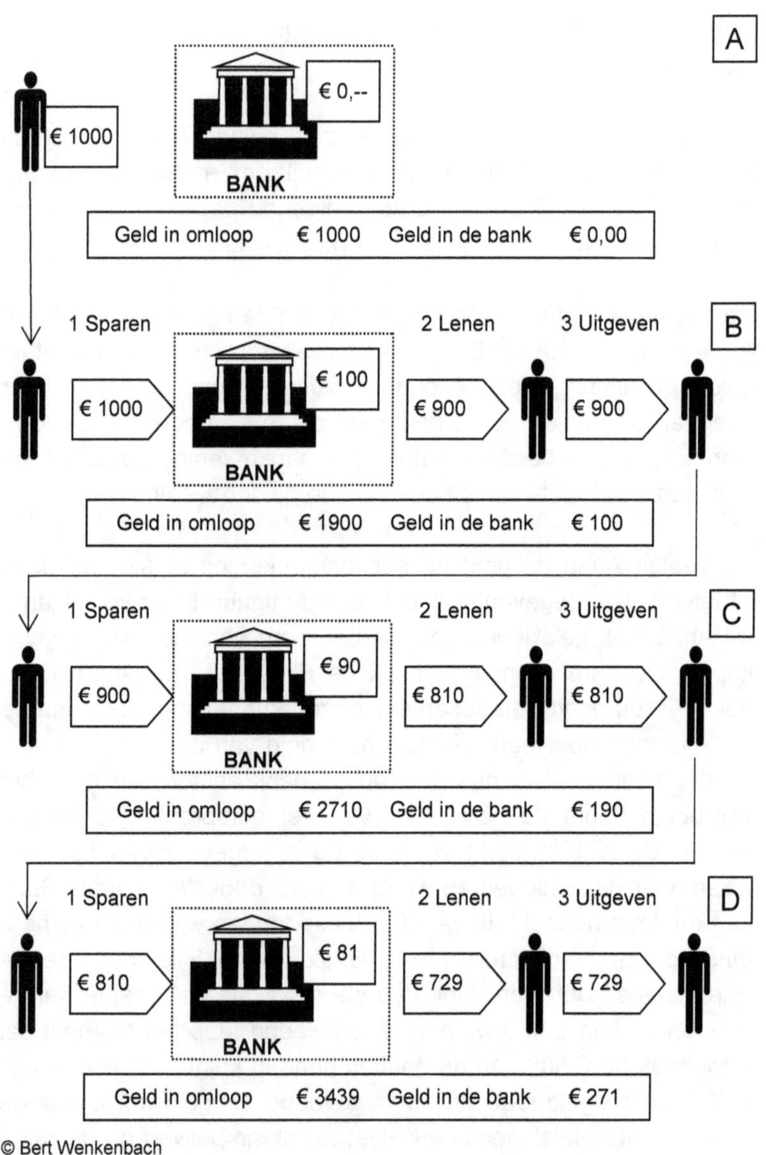

Figuur 2.3, het fractionele banksysteem schematisch voorgesteld

haar € 1000 en heeft Annemiek er nu € 900 bij. De totale geldhoeveelheid in het voorbeeld is nu toegenomen tot € 1900. En de bank heeft nu de eerder besproken reserve van € 100. Annemiek heeft nu echter de € 900 ter beschikking en koopt de mountain bike van Bas.

Bas besluit dit geld echter niet uit te geven maar het eveneens op zijn spaarrekening te plaatsen. De situatie is weergegeven in deel C van de figuur. Kort daarna wil Bernhard als ZZP-er beginnen en hij besluit geld te lenen voor de aanschaf van een gebruikte kantoorinrichting. De bank leent hem de benodigde € 810. Deze zijn eigenlijk afkomstig van Bas. En om aan de wettelijke vereisten m.b.t. "reserves" te voldoen houdt de bank weer € 90 achter. Immers, ook Bas zou zijn geld vroeg of laat weer kunnen terugvorderen. Nadat Bernhard het geld op zijn rekeningheeft staan is er nog een keer € 810 aan de geldhoeveelheid toegevoegd en deze is nu opgelopen tot € 2710. De bank heeft inmiddels € 190 aan reserves, voor als Anna of Bas (een deel) van hun geld zouden willen terug hebben. Bernhard heeft nu echter zijn geld en koopt de kantoorinrichting van Christine.

Christine besluit het ontvangen geld echter ook op haar spaarrekening te storten, een situatie die in deel D van de figuur is weergegeven. Niet veel later besluit Corine geld te lenen bij de bank voor de onverwachte reparatie aan haar auto. De rekening bedraagt € 729. Dit geld wordt door de bank aan Corine geleend van het geld van Christine. De totale hoeveelheid geld in omloop neemt weer toe op het moment dat Corine het geld op haar rekening bijgeschreven krijgt. En wel tot € 3439. En natuurlijk houdt de bank plichtsgetrouw weer 10% achter, of wel € 81. De totale reserves van de bank zijn nu opgelopen tot € 271. Corine betaalt de rekening van garagehouder Dick. En als die dat bedrag weer op zijn spaarrekening zou storten, gaat het proces zo weer door.

In dit voorbeeld wordt het proces van het fractionele banksysteem met behulp van individuele personen duidelijk gemaakt. In de praktijk gaat het vaak om veel grotere bedragen en om miljoenen deelnemers. O.a. de hele hypotheekmarkt is zo opgebouwd. Er wordt dan bijv. een hypotheek van enkele tonnen opgenomen en een aanzienlijk deel daarvan wordt gebruikt voor een verbouwing. De betrokken aannemer heeft mensen in dienst die aan die verbouwing werken. En een aantal van hen, misschien ook de toeleveranciers van de bouwmaterialen, zijn in staat een deel van het verdiende geld te sparen. Het voorbeeld illustreert echter duidelijk hoe geld vanuit het banksysteem in de economie komt en daar wordt uitgegeven. En hoe een deel vervolgens weer als spaargeld terug komt in het banksysteem, om vervolgens opnieuw via het volgende uitleenproces als een lening, hypotheek, bedrijfskrediet, etc. te worden uitgegeven.

Ook wordt met het voorbeeld van *figuur 2.3* duidelijk dat door het uitleenproces, de geldhoeveelheid aanzienlijk en voortdurend toeneemt. En wel meer naarmate het uitleenproces vaker wordt herhaald en naar mate de vereiste reserves die een bank moet aanhouden kleiner zijn t.o.v. het uitgeleende bedrag. Vooral deze bankreserves spelen een belangrijke rol bij de vermenigvuldiging van de geldhoeveelheid. Het proces van geld vermenigvuldiging is geïllustreerd in *figuur 2.4* op de volgende pagina.

In de grafiek wordt bij verschillende percentages bankreserve aangegeven, hoe na verloop van een aantal keren "opnieuw uitlenen" de geldhoeveelheid stijgt vanaf een basis bedrag van € 1000. Moet een bank 50% van het uitgeleende geld als reserve houden, dan blijkt de oorspronkelijke geldhoeveelheid van € 1000 al na 5 keer uitlenen haast te zijn verdubbeld. Bij een bankreserve van slecht 10%, is de geldhoeveelheid na 20 keer uitlenen 9 X toegenomen tot haast € 9000 ! En dan te weten dat tot voor de

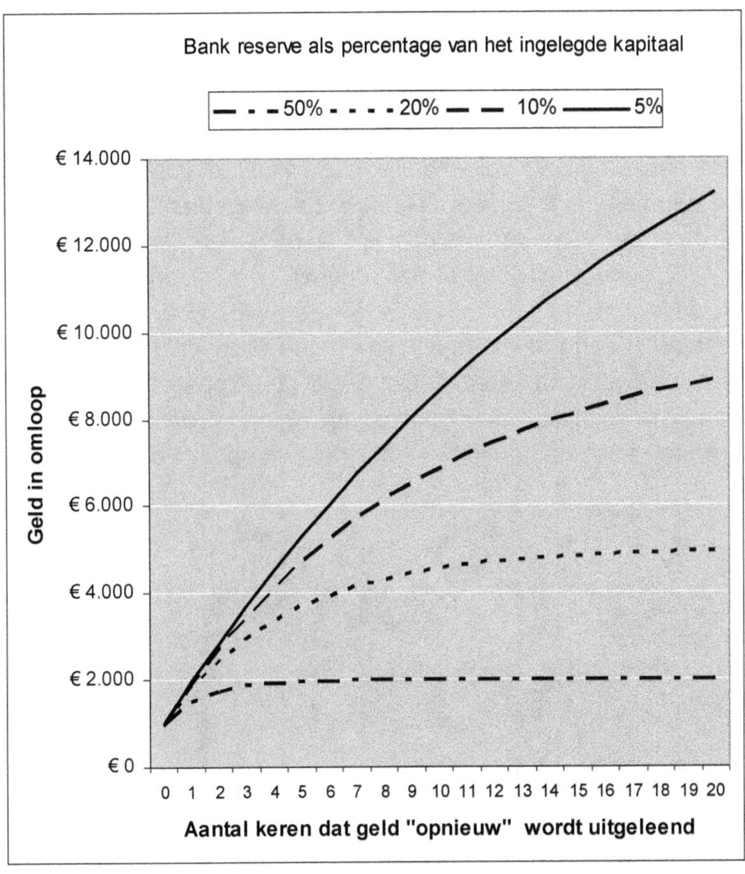

Figuur 2.4, de ontwikkeling van de geldhoeveelheid bij het fractionele banksysteem, © Bert Wenkenbach

kredietcrisis van 2008, de meest banken in Europa slechts 5% aan reserves aanhielden. Iemand die wil weten waar monetaire inflatie vandaan komt hoeft niet verder te zoeken.

Banken kunnen zich deze lage reserves alleen maar permitteren zolang er vertrouwen is in de economie en het bankensysteem. Mensen verdienen dan meestal goed en sparen. Ze zullen dus veel minder de neiging hebben om hun geld van de bank te halen. En spaargeld dat vervolgens bijv. gebruikt wordt voor de aankoop van een huis, blijft vrijwel altijd in het banksysteem. Het kan zijn dat de koper van een huis bankiert bij bank A en de verkoper bij bank B. Maar daar staat al heel snel weer een transactie tegenover van bank B naar bank A. Hoe meer vertrouwen hoe lager de reserves in een bank kunnen zijn en hoe meer geld er in omloop komt in de vorm van krediet. Dat veelal goedkope krediet jaagt de economie weer aan, een zichzelf versterkend proces. Tot dat het vertrouwen dat klanten in hun bank hebben opeens omslaat. Dan

Figuur 2.5; bankrun op de bank Northern Rock, september 2007
Via Wikimedia Commons, foto Alex Gunningham

ontstaat er een zgn. bankrun. Ieder wil zijn geld* dan van die bank halen. Hetzij aan het loket, het zij dat via elektronisch bankieren geld van rekeningen worden overgeheveld naar rekeningen op andere banken.

Veel mensen denken dat dit iets is van de 30-er jaren van de vorige eeuw. Maar *figuur 2.5* op de vorige pagina, laat zien dat ook in september 2007 tijdens de start van de kredietcrisis de mensen weer in de rij stonden om hun geld van hun rekeningen te halen. Hier bij de Britse bank Northern Rock.

De werking of zelfs het bestaan van dat fractionele banksysteem realiseren de meeste mensen zich helemaal niet. Dat is iets dat Henry Ford zich op zijn beurt wèl realiseerde. Van hem is deze uitspraak:

> **"It is well that the people of the nation do not understand our banking and monetary system, for if they did, I believe there would be a revolution before tomorrow morning."**

Toch heeft een overheid het creëren van inflatie niet altijd volledig in de hand. Wanneer burgers of het bedrijfsleven, geen krediet meer opnemen bij een bank, bijv. voor investeringen of voor een hypotheek, komt er geen extra geld meer in omloop. Dat gebeurt

---

* Wanneer iemand geld op haar/zijn bankrekening stort, is dat niet meer "van haar/hem". Juridisch gesproken heeft deze persoon een lening aan de bank verstrekt en heeft nu dus een vordering op die bank. Wanneer deze persoon "zijn geld" van de bank probeert te halen, probeert hij in feite zijn vordering weer te innen. Als dat niet lukt, heeft de betreffende persoon pech. Maar juridisch is het niets anders dan dat de bank als zakelijke partij haar verplichtingen (tijdelijk) niet meer kan nakomen. Het valt daarom bijv. ook niet onder het strafrecht. Veel mensen realiseren zich dit niet.

wanneer de economische situatie zo slecht wordt dat men die investeringen of de aankoop van een (groter) huis niet meer aandurft. Schulden en hypotheken worden dan meestal zelfs (versneld) afbetaald. Het geld dat daarvoor nodig is wordt hiervoor uit circulatie genomen, dus aan de geldhoeveelheid onttrokken. Het aflossen van schulden is dus deflationair Het proces keert om.

Het afschrijven van schulden in dit fractionele banksysteem* is eveneens deflationair. Dit kan het beste geïllustreerd worden a.d.h. van *figuur 2.3*. In dit voorbeeld (deel C), neemt Bernhard een krediet op voor zijn bedrijfje. Maar dat gaat failliet en Bernhard kan het geleende bedrag van € 810 niet meer terug betalen. Dat geld is al in omloop in de economie en maakt dus deel uit van de geldhoeveelheid. Maar de bank krijgt het geleende geld niet meer terug en de lening aan Bernhard moet door de bank worden afgeschreven. Kort na Bernhard's faillissement wil Bas zijn geld van de bank halen, want hij wil gaan verbouwen. Als de bank nog over voldoende reserves beschikt kan Bas weer over de door hem op de bank gestorte € 900 beschikken. Deze worden hem dan betaald vanuit die door de bank opgebouwde reserves. Maar deze reserves blijken in de praktijk, zoals bijv. in Europa in 2008, maar enkele procenten te bedragen. Deze zijn snel uitgeput. Wanneer een bank door zijn reserves is, kan het spaargeld niet meer (volledig) aan de depositohouders worden terugbetaald. Bas krijgt dan zijn € 900 in dit voorbeeld niet meer terug. De € 900 die hij

---

* Wanneer Bas het geld rechtstreeks aan Bernhard zou hebben geleend, is het afschrijven van een lening niet deflationair. Het verstrekken van die lening is monetair gezien, slechts het overboeken van geld van de ene naar de andere rekening. De geldhoeveelheid wordt er niet door vergroot zoals het geval is in het fractionele banksysteem. Wanneer de lening niet wordt terugbetaald aan Bas, wordt het geld niet terug geboekt naar de rekening van Bas. Maar het geld blijft wel in omloop, want Bernhard heeft het geld al uitgegeven door de betaling aan Christine. Daardoor wordt de geldhoeveelheid er dus ook niet door verkleind.

dacht te hebben bestaan niet meer en maken zo ook geen deel meer uit van de geldhoeveelheid. Die krimpt daardoor. En dat is deflationair.

Bovendien kunnen banken gedwongen worden om het verstrekken van nieuwe leningen te beperken, of reeds verstrekte leningen niet meer te verlengen. Zo wordt de hoeveelheid uitstaand krediet weer in overeenstemming gebracht met de lagere reserves van de bank, het zgn. kernkapitaal of Tier 1_kapitaal. Maar het verminderen van de hoeveelheid uitstaand krediet werkt eveneens deflationair. Immers, minder nieuw krediet betekent ook minder nieuw geld in omloop. En het aflossen van krediet betekent dat hiervoor geld uit circulatie moet worden genomen.

Deflatie vormt een probleem voor overheden, omdat de schuld die zij hebben dan met geld moet worden terug betaald met <u>vermeerderde</u> koopkracht. Dat was de bedoeling niet en kan overheden in grote problemen brengen. Overheden, zullen daarom deflatie met alle macht proberen tegen te sturen. De argumentatie is altijd dat deflatie zorgt voor dalende prijzen. En dat daardoor de consument zijn aankopen gaat uitstellen, want deze wacht op nog lagere prijzen. De economische groei zou zo worden belemmerd. Dat is onjuist, want als dat waar zou zijn, zou er de afgelopen jaren geen PC of flat screen TV meer zijn verkocht. Dat zijn goederen waarvan de prijs zich al jaren in een dalende trend beweegt en/of er voor het zelfde geld steeds meer functionaliteit wordt geleverd. En i.p.v. dat de consument zijn koopgedrag steeds uitstelt, gaan deze producten vaak als warme broodjes over de toonbank. Het voorbeeld toont aan dat dalende prijzen op zich geen probleem zijn.

Als maatregel om deflatie tegen te gaan, zullen overheden extra proberen te lenen bij "hun" centrale bank (extra geld komt zo weer in omloop), vaak met als argument dat ze extra projecten willen starten ter stimulering van de economie. Ook mogen sommige centrale banken, afhankelijk van hun mandaat, rechtstreeks aankopen doen op de financiële markten (zie ook hoofdstuk *2.5 Hoe centrale banken de kapitaalmarktrente beïnvloeden*). Of ze nemen slechte kredieten van commerciële banken over. Deze aankopen worden gefinancierd met gecreëerd ("gedrukt") geld. Veel economen stellen dat dit uiteindelijk tot hyperinflatie zal leiden. Maar de monetaire geschiedenis leert dat dit tot op heden niet heeft plaatsgevonden, zolang er een omvangrijke kapitaalmarkt (kredietmarkt) is verbonden met de betreffende economie en de betreffende munt. Wanneer een overheid maar blijft lenen, zullen investeerders in die overheidsschuld zich vroeg of laat gaan afvragen of die overheid haar schulden nog kan terug betalen. Ze zien op zijn minst een verhoogd risico en willen dat risico gecompenseerd zien met een hogere rente die zij ontvangen op hun lening aan die overheid. Ofwel, de prijs van geld lenen, de rente, gaat op de kapitaalmarkt stijgen. En daarmee ook de rente voor bedrijfskredieten of hypotheken. Dat is heel slecht voor een economie. Bedrijven of consumenten die veel geleend hebben kunnen in de problemen komen, omdat ze haast niet meer in staat zijn de hogere rente op te brengen. Ze zullen overal op moeten gaan bezuinigen om nog aan hun financiële verplichtingen te kunnen voldoen. En ze zullen proberen hun schulden zoveel mogelijk terug te betalen. In plaats van investeringsprojecten te starten worden ze gestopt. Dit alles vormt een enorme rem op de economie. Uiteindelijk zullen een aantal bedrijven en consumenten ook failliet gaan. Dit proces zal een overheid, die al of niet met behulp van een centrale bank, maar geld blijft lenen, dwingen om daarmee te stoppen. En anders doet de politiek dat wel.

Dat begrenzingsmechanisme is echter niet aanwezig in landen waar geen of slechts een heel beperkte kapitaalmarkt aanwezig is. Zoals destijds Weimar-Duitsland (*figuur 2.6 op de volgende pagina*) of recenter Zimbabwe of Argentinië. Daarom is in al die landen zgn. hyperinflatie ontstaan. Hyperinflatie is een explosieve

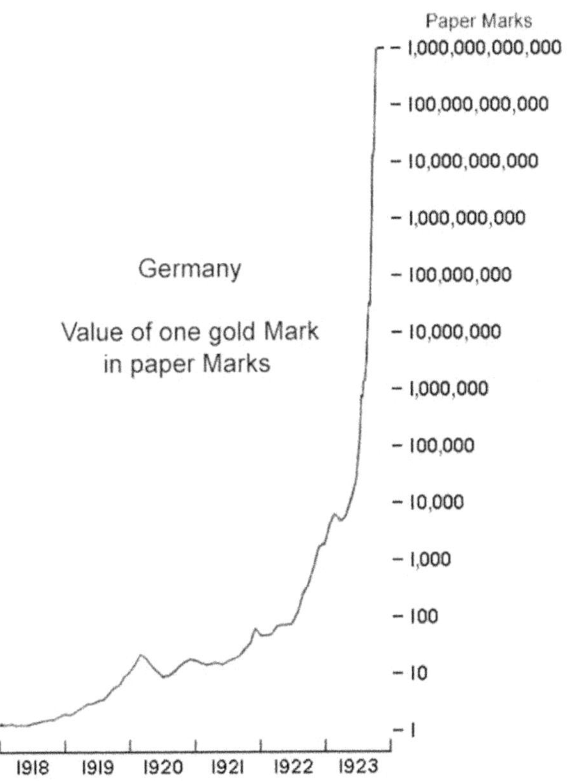

Figuur 2.6, hyperinflatie in Weimar-Duitsland na de eerste wereldoorlog Wikipedia, bron: The Economics of Inflation by C. Bresciani-Turroni, 1937

toename van de hoeveelheid geld die ontstaat omdat centrale banken in dergelijke landen onbeperkt geld kunnen blijven drukken. Geld dat uiteindelijk niet meer wordt aangenomen door het publiek als betaalmiddel. Het intermediaire ruilmiddel houdt dan in feite op te bestaan. De economie is weer terug bij af, economisch verkeer via ruilhandel.

Hoezeer overheden en/of centrale banken ook proberen inflatie te creëren, er kan een moment komen dat ze machteloos staan. De aanname, dat het vergroten van de geldhoeveelheid uiteindelijk ook ergens in een economie leidt tot het verhogen van prijzen, is niet altijd juist. De uitzondering wordt gevormd in de situatie dat consumenten massaal gaan sparen. Er is door geldcreatie, bijv. via het fractionele banksysteem, weliswaar meer aanbod van geld. Maar er is ook meer vraag naar geld vanuit de sparende consument. Deze geeft het geld niet meer uit, maar absorbeert het als het ware, door het voor langere tijd op een spaarrekening te plaatsen. En zo wordt het geld weer uit circulatie genomen. Consumenten gaan in groten getale sparen in tijden van onzekerheid. Bijvoorbeeld wanneer ze bang zijn hun baan te verliezen, twijfel hebben over de houdbaarheid van hun pensioenuitkering of bij dreigende civiele onrust of oorlog. Het is een logische en eeuwen oude reactie, die veel economen en politici over het hoofd zien. Dit proces komt pas ten einde wanneer het consumentenvertrouwen weer toeneemt. Het stopt ook, vaak zeer abrupt, wanneer het vertrouwen in de gespaarde munt verdwijnt. Consumenten denken dan dat de waarde van het spaargeld snel verdwijnt en geven het uit. Dit proces zal prijsinflatie overigens wel aanjagen.

Staten en hun centrale banken proberen, in een tijd dat zij deflatie willen tegensturen, daarom te voorkomen dat hun burgers te veel gaan sparen. Ze maken sparen daarom onaantrekkelijk. Bijv. via een lage of negatieve rente. De reactie van de burger is dan weer om het geld van de bank te halen en in de vorm van bankbiljetten in een safe te bewaren. En dat voert dan weer tot een beweging naar een samenleving zonder contant geld. De eerste stappen zijn daartoe al gezet. In 2016 heeft de ECB besloten het 500 Euro biljet uit de roulatie te nemen. En de volgende stappen zullen zijn om transacties in contant geld, geleidelijk aan te verbieden of onmogelijk te maken. En al deze maatregelen worden natuurlijk verkocht als de strijd tegen zwart geld, of tegen het terrorisme.

2.4 De kapitaalmarkt en de kapitaalmarktrente

Net zoals er een markt is voor het verhandelen van ruwe olie, aardappels, huizen of wat dan ook, is er een markt waar uit te lenen geld wordt verhandeld. Dit geld wordt te leen aangeboden aan partijen die dat geld voor kortere of langere tijd willen lenen en wordt een krediet genoemd. Partijen lenen bijv. om in hun bedrijf te investeren voor de bouw van een nieuwe fabriekshal, of voor de aankoop van een huis. Aan dat lenen van geld hangt een prijskaartje, net als aan al die andere goederen die op een markt verhandeld worden. Dat prijskaartje is in dit geval de rente die betaald moet worden aan de gene die dat geld uitleent en wordt de kapitaalmarktrente genoemd.

Die kapitaalmarktrente hangt mede af van een aantal risicofactoren. Deze zijn:

1. De duur dat de geldlening uitstaat, dus de looptijd (meestal tussen 3 maanden en 30 jaar).
2. De kans dat de kredietnemer het bedrag uiteindelijk niet kan terug betalen, het krediet risico.
3. De kwaliteit van het onderpand, bijv. een huis in geval van een hypotheek.
4. De inflatie verwachting, dus de kans dat het uitgeleende geld gedurende de looptijd van de lening een deel zijn waarde verliest.

Een langere looptijd, hoger kredietrisico, minder goed onderpand en hogere inflatieverwachting zijn allen factoren, die het risico voor de kredietgever verhogen. En deze zal die risico's gecompenseerd willen zien en dus de prijs van het krediet, de rente, verhogen. En zo past de kapitaalmarktrente zich voortdurend aan,

aan de inzichten van alle marktpartijen, als het om hun inschatting van deze factoren gaat.

Maar er is nog één belangrijke factor onbenoemd gebleven, als het gaat om de prijsvorming op de kapitaalmarkt en dat is "vraag en aanbod". Als er veel aanbod is van geld op de kapitaalmarkt, zal de kapitaalmarktrente tenderen om te dalen, net zoals de prijs van ruwe olie of aardappelen. Dit, ongeacht de eerder besproken risicofactoren. De partijen die geld op de markt aanbieden, zijn op zoek naar rente, dus rendement op hun kapitaal. Bij veel aanbod van geld op de kapitaalmarkt wordt dat behalen van rendement steeds moeilijker en zijn de partijen die geld op de kapitaalmarkt aanbieden, eerder geneigd over die risico factoren heen te stappen. Daarmee zijn die risico's natuurlijk niet verdwenen, ze worden alleen een periode min of meer genegeerd in de jacht op rendement. Veel geld komt bijv. op de kapitaalmarkt via het onder hoofdstuk *2.3 Inflatie en deflatie* omschreven fractionele banksysteem. Geld wordt daarin steeds vermenigvuldigd, in de praktijk tot 20 X aan toe. En als, terecht of onterecht, de kapitaalmarktrisico's door de marktpartijen laag worden ingeschat, kan er makkelijk veel geld tegen lage rente worden geleend. Banken hebben dan bijv. de neiging om te gemakkelijk kapitaal te verschaffen aan ondernemingen t.b.v. investeringen of te hoge hypotheken te geven aan mensen die de lasten daarvan eigenlijk niet kunnen dragen. Maar het heeft wel als effect, dat veel mensen aan het werk zijn, vooral in de sectoren die direct van die leningen profiteren, zoals de bouw, waar daardoor veel is vraag naar timmerlieden, schilders, enz. Als er veel mensen aan het werk zijn en er wordt goed verdiend, wordt er ook meer gespaard. Dat betekent nieuwe instroom van spaargeld bij spaarbanken. Die lenen vervolgens via het fractionele banksysteem daar weer een veelvoud van uit en zo versterkt het proces van een kunstmatig lage rente zichzelf. Dit proces was duidelijk zichtbaar van 1980 tot 2007. En het vormde de aanloop naar de kredietcrisis (zie hoofdstuk *2.6 De anatomie van een kredietcrisis*) en de Eurocrisis (zie hoofdstuk *7.4 Het ontstaan van de Eurocrisis*). Maar de kapitaalmarkten in Europa en Amerika kenden ook andere tijden. Bijv. de jaren 50 en 60 met relatief veel vraag naar geld t.o.v. het aanbod (stijgende rente), of de jaren 70, waarin de risicofactor "inflatie" voor een hoge kapitaalmarktrente zorgde.

2.5 Hoe centrale banken de kapitaalmarktrente beïnvloeden

Centrale banken hebben diverse middelen tot hun beschikking, waarmee ze de kapitaalmarktrente kunnen beïnvloeden. Ze doen dit o.a., omdat ze met goedkoop krediet (lage rente), de economie willen stimuleren. Of om de rente die op staatsleningen moet worden betaald, laag te houden, zodat staten makkelijk(er) kunnen blijven lenen.

Om te beginnen kunnen centrale banken het proces van geldvermenigvuldiging via het fractionele banksysteem heel goed afremmen (of stimuleren). Ze kunnen via regelgeving bepalen, wat het percentage van het spaargeld is, dat commerciële banken moeten achterhouden en hoeveel ze mogen "doorlenen". Met andere woorden, de vermenigvuldigingsfactor waarmee geld via het fractionele banksysteem wordt vermeerderd, kan door een centrale bank worden "ingesteld". Is deze vermenigvuldigingsfactor geen 10 tot 20, maar 5 tot 7, dan zal er aanzienlijk minder geld op de markt komen. Dit is duidelijk geïllustreerd in *figuur 2.4*. De prijs van geld lenen, de rente, zal dus stijgen omdat er minder aanbod van geld is. Dat heeft tot gevolg dat er veel voorzichtiger zal worden geleend. Commerciële banken aan de ene kant, bedrijven en consumenten aan de andere kant zullen allen veel nadrukkelijker bekijken of kredieten en hypotheken noodzakelijk en verantwoord zijn. Maar op korte termijn zal het ook minder stimulering van de economie betekenen. De extra geldinjectie van het goedkope krediet valt weg. En omdat niemand het feestje wil bederven, zal een centrale bank erg voorzichtig zijn met een dergelijke maatregel.

Een centrale bank heeft nog een andere mogelijkheid om de kapitaalmarktrente te beïnvloeden. Commerciële banken hebben de mogelijkheid om direct bij centrale banken te lenen, ze hebben een rechtstreekse kredietlijn. Ze kunnen dit geld lenen om het vervolgens op hun beurt weer op de commerciële markt uit te lenen als hypotheek, bedrijfskrediet, studie financiering etc. Ze lenen dit geld uit tegen een hogere rente dan ze zelf aan "hun" centrale bank moeten betalen. Het verschil tussen ontvangen en betaalde rente is winst voor de banken. De rente die commerciële banken aan hun centrale bank moeten betalen, de zgn. refinancieringsrente, wordt bij de meeste centrale banken circa iedere 2 maanden opnieuw bepaald en is een gebeurtenis waarnaar door de financiële pers steeds weer wordt uitgekeken. Het principe werkt als volgt. Wanneer een centrale bank de kapitaalmarktrente wil verlagen, dan houdt zij de rente op leningen aan commerciële banken laag. Commerciële banken kunnen dan hun uit te lenen geld goedkoop inkopen (lage rente) waardoor dit geld ook relatief goedkoop op de kapitaalmarkt beschikbaar zal komen. En als een centrale bank dat wil, ook in grote volumes. Dat extra aanbod van "goedkoop geld" zal de rente op de kapitaalmarkt naar beneden drukken en krediet dus goedkoper maken. Centrale banken hebben het geld dat ze aan commerciële banken lenen, niet echt. Ze drukken het, figuurlijk gesproken, bij en het is dus weer een vorm van geldcreatie. En het voert tot monetaire inflatie, net als het fractionele banksysteem.

De mogelijkheden die een centrale bank op deze manier heeft om zo de rente te beïnvloeden zijn echter beperkt. Juist wanneer een centrale bank uit alle macht de kapitaalmarktrente naar beneden probeert te krijgen, zoals in perioden van recessie. Want wanneer banken en/of hun klanten eenvoudigweg niet willen lenen, gebeurt er niets meer. Dat is vaak aan de orde in slechte economische tijden. Banken lenen alleen nog aan klanten die zij het meest kredietwaardig achten en aan niemand anders meer. De paradox is, dat die meest kredietwaardige klanten juist niet meer willen lenen, omdat ze niet in de problemen willen komen of geen zakelijke kansen meer zien waarvoor het zinvol is een bedrijfskrediet op te nemen. Er zijn nog genoeg partijen die wel willen lenen, maar die vinden banken meestal juist niet kredietwaardig. Zelfs als centrale banken de rente waartegen commerciële banken bij hen kunnen lenen, haast naar nul brengen, staan ze in feite machteloos. Ze kunnen het lenen van geld haast gratis maken, iets dat ze in de praktijk ook doen, maar daarmee kunnen ze marktpartijen niet dwingen om te lenen.

Toch is er in een dergelijke situatie meestal één partij die toch blijft lenen en dat zijn de commerciële banken zelf. Ze lenen om daar vervolgens voor eigen rekening mee te beleggen. Ze doen dit zowel in de obligatiemarkten als in de aandelenmarkten. Die worden daardoor opgedreven. Stijgende koersen maakt ook dat andere beleggers daarna in die markten stappen. Dat is één van de redenen dat de financiële markten zo naar het rentebeleid van centrale banken kijken. Meer goedkoop geld betekent gewoon meer steun voor de financiële markten, ongeacht of een economie goed of slecht gaat. Moeilijker is het niet. En stijgende financiële markten geven het gevoel, vooral bij beleggers, dat het met een economie (weer) goed gaat. Dat stimuleert het vertrouwen in de economie en dat is de achtergrond waarom centrale banken zonodig toch op deze manier commerciële banken van goedkoop geld voorzien. Dit, terwijl ze weten of zouden moeten weten, dat dit weer tot een nieuwe speculatieve bubbel leidt.

Ten slotte kunnen centrale banken, meestal via tussenkomst van een commerciële bank, gerichte aankopen doen op de kapitaalmarkt. Daarmee creëren ze vraag naar bijv. staatsleningen, die er anders niet zou zijn. Om het effect ervan goed te begrijpen is het zinvol eerst naar de prijs- en rentevorming te kijken van leningen die op de kapitaalmarkt worden verhandeld. In een iets versimpelde vorm* werkt het principe als volgt: stel een Amerikaanse staatslening wordt uitgegeven in obligaties van 100 Dollar, tegen een rente van 3%. De houder ontvangt dus jaarlijks per obligatie $ 3. Na een jaar schat de kapitaalmarkt de risico's rond Amerikaanse staatsleningen hoger in, ze verlangt nu 4% op nieuwe leningen. Dat dwingt de Amerikaanse staat nu 4% rente te betalen op nieuw uit te geven obligaties en de houder van nieuw uitgegeven staatsleningen ontvangt nu $ 4 per obligatie. Nu wil de houder van de "3% lening" zijn obligatie tussentijds van de hand doen. Dat kan, alleen de markt betaalt er nu een lager bedrag voor. En wel zoveel lager, dat de $ 3 die betaald wordt aan de houder van de betreffende obligatie, overeenkomt met 4% van de nieuwe koers waartegen de obligatie nu op de markt wordt verhandeld. Dit resulteert in een nieuwe koers van $ 75 ($ 3 komt overeen met 4% van $ 75). Als de kapitaalmarkt rente stijgt, zullen de koersen van reeds uitgegeven obligaties dus dalen.

Wanneer de centrale bank de obligaties uit dit voorbeeld voor $ 90 uit de markt koopt, stijgt de kapitaalmarktrente voor die obligaties slechts tot 3 1/3% ($ 3 komt overeen met 3 1/3% van $ 90). En daarmee wordt ook de koers en rente voor vergelijkbare obligaties gesteund. En de Amerikaanse staat hoeft nieuwe

---

* In dit voorbeeld wordt geen rekening gehouden met de looptijd van de obligatie. Wanneer een obligatie nog een resterende looptijd heeft van enkele jaren en de markt verwacht dat de obligatie uiteindelijk ook weer tegen de uitgifteprijs zal worden afgelost (terugbetaald), dan zal de prijs van de obligatie tussentijd minder sterk dalen. Hoe korter de resterende looptijd hoe minder ook de tussentijdse prijsdaling zal zijn.

obligaties niet tegen een rente van 4% uit te geven, maar slechts tegen een rente van 31/3%. Doordat de betreffende centrale bank een "bodem" in de markt legt.

Dergelijke transacties vallen binnen het mandaat van de Amerikaanse centrale bank (FED). Zo heeft deze in 2013 naar schatting 70% van alle uitgegeven Amerikaanse staatsleningen opgekocht. De FED bezat per eind 2015 totaal voor ca. 2,5 Triljoen Dollar aan Amerikaanse staatsleningen. Dat legt natuurlijk een bodem in de markt. Bovendien heeft de FED sedert de kredietcrisis voor ca. 1,7 Triljoen Dollar aan slechte hypotheken van banken over genomen. Deze hypotheken zullen waarschijnlijk slechts gedeeltelijk kunnen worden terugbetaald en vormen een kredietrisico voor de commerciële bank die deze leningen bezit. Daarom zullen investeerders op de kapitaalmarkt voor dergelijke hypotheken ook minder betalen, net zoals in het voorgaande voorbeeld van de Amerikaanse staatsleningen.

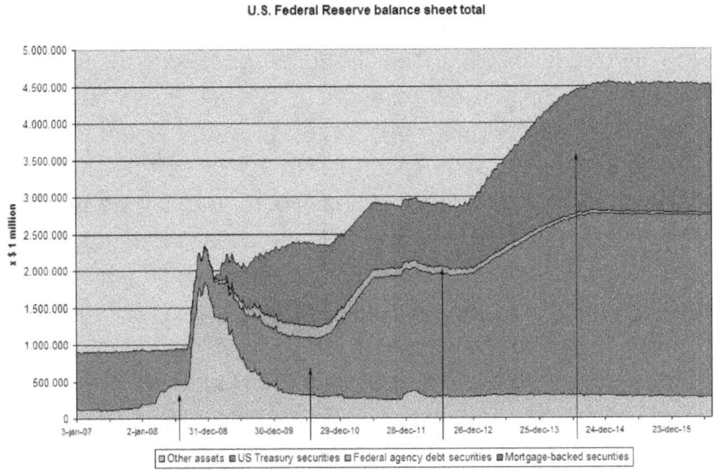

Figuur 2.7; de ontwikkeling van het bezit van de FED vanaf 2007 tot 2016 Via Wikimedia Commons, door Martin van Dalen

Zo wordt ook hier een bodem in de markt gelegd en wordt voorkomen dat de hypotheekrente stijgt. Al deze aankopen zijn terug te vinden op de balans van de FED. Deze is afgebeeld in *figuur 2.7* op de vorige pagina.

Uit de grafiek is af te leiden dat het "bezit" van de FED, het zgn. balanstotaal in 5 jaar is toegenomen van 0,9 tot 4,5 Triljoen Dollar. Dit bezit is gekocht met "gedrukt geld", want de FED heeft verder geen enkele bron van inkomsten. Dat betekent dat er in die periode door deze toename ook 3,6 Triljoen Dollar aan de totale geldhoeveelheid is toegevoegd. En dit is in potentie zeer inflationair.

Het kopen van staatsleningen valt niet binnen het mandaat van de Europese centrale bank (ECB). Juist vanwege de monetaire inflatie die hier uit voort vloeit. De ECB heeft na de kredietcrisis, ondanks dat, toch o.a. Griekse staatsleningen opgekocht. En ze heeft bovendien aangegeven (Draghi's "What ever it takes" speech van 26 juli 2012) alles te zullen doen om de rente op dergelijk staatsleningen beheersbaar te houden. Lees: we zullen net zoveel leningen uit de markt kopen als nodig is om de rente voldoende laag te houden. Sedert maart 2015 heeft de ECB haar opkoopprogramma zelf sterk geïntensiveerd, o.a. om de rente op staatsleningen van Zuid-Europese landen laag te houden. Dat leidt er echter weer toe dat de rente op staatsleningen van kredietwaardige landen zoals Duitsland of Nederland, zelfs negatief wordt. Het kopen van deze leningen gebeurt wederom met gedrukt geld en is dus weer een vorm van geldcreatie. In juli 2016 bedroeg het balanstotaal van de ECB (niet afgebeeld) 3,3 Triljoen Euro.

Maar, zo leert de monetaire geschiedenis, lukt het een centrale bank op den duur niet, een obligatierente op deze manier blijvend naar beneden te manipuleren. Daarvoor blijken de marktkrachten te sterk. Wanneer de houders van staatsobligaties van een bepaald land, niet meer geloven dat dat land zijn schulden kan terug betalen, dan worden deze leningen op de kapitaalmarkt aangeboden. Dat gebeurt eerst geleidelijk, daarna massaal. Dat is het equivalent van papieren geld dat zijn waarde verliest.

2.6 De anatomie van een kredietcrisis

Eigenlijk verloopt een kredietcrisis heel systematisch en kan met de theorie uit de hoofdstukken *2.3 Inflatie en deflatie, 2.4 De kapitaalmarkt en de kapitaalmarktrente* en *2.5 Hoe centrale banken de kapitaalmarktrente beïnvloeden* eenvoudig verklaard worden. Het is dus absoluut geen "zwarte zwaan", of onverklaarbaar fenomeen, dat niemand aan had kunnen zien komen. Sterker nog, iedereen had het op zijn klompen kunnen aanvoelen. Het proces verloopt in een reeks van stappen die hieronder zijn weergegeven.

- <u>Randvoorwaarde</u> is dat een centrale bank aanwezig is waar een staat geld kan lenen <u>en</u> dat commerciële banken geld via het fractionele banksysteem mogen uitlenen.
- Stel een staat financiert op zijn minst een deel van haar overheidstekort bij die centrale bank. Dit geld wordt praktisch gesproken bijgedrukt en komt via de uitgaven van de staat in omloop.
- Vroeg of laat belandt een deel van dit geld als spaargeld bij een commerciële bank.
- Deze bank kan dit geld tot ca. 20 X opnieuw uitlenen via het fractionele banksysteem.

- Wanneer bedrijven en particulieren vertrouwen in de economie hebben, zullen ze ook daadwerkelijk krediet opnemen voor bedrijfsinvesteringen en hypotheken.
- Dit zorgt voor veel nieuwe economische activiteiten, die echter niet met van te voren gespaard geld worden betaald, maar met geleend geld dat achteraf moet worden terugbetaald.
- Door de goed draaiende economie kunnen meer mensen sparen en er belandt zo meer spaargeld bij de banken.
- Deze banken lenen dat geld vervolgens weer uit en het proces herhaalt zich weer.
- Door het grote aanbod van geld op de kapitaalmarkt, dat hierdoor geleidelijk ontstaat, zal na verloop van tijd de kapitaalmarktrente aanzienlijk dalen.
- Bedrijven en particulieren zullen, nu de kapitaalmarktrente en de daarvan afgeleide hypotheekrente zo laag is, nog veel meer lenen. Dit drijft de prijzen van kapitaalgoederen, aandelen, obligaties en vooral van huizen verder op.
- Huizenprijzen hebben in de recente kredietbel zo'n belangrijke rol gespeeld, omdat in de geïndustrialiseerde economieën de huizenmarkt zo groot is en haast iedereen een eigen huis wil bezitten. Daarvoor worden dus heel veel hypotheken opgenomen.
- Banken worden, op jacht naar rendement in een omgeving van lage rente, steeds slordiger met het beoordelen van de kredietwaardigheid van hun klanten en geven bovendien procentueel gezien, veel te hoge hypotheken in relatie tot de waarde van het huis.
- De economie raakt haast betoverd, er is veel werkgelegenheid, huizenprijzen blijven maar stijgen en de hypotheekrente blijft laag, het is een zichzelf versterkend proces.
- Maar zoals in alle sprookjes, wordt de betovering uiteindelijk verbroken. Dat gebeurt als het proces van kredietverstrekking verlangzaamd. Dat kan gebeuren wanneer bedrijven en parti-

culieren het niet meer zinvol vinden of het niet meer aandurven om verder te lenen. En dat betekent direct minder brandstof in de motor van de economie. En het betekent ook dat huizenprijzen niet verder meer stijgen.

- Als huizenprijzen niet meer stijgen, zullen ze, vooral na een sterke stijging, gaan dalen. Marktdeelnemers begrijpen dat de top is gezet en dat de huizenprijzen eigenlijk in een speculatieve zeepbel terecht waren gekomen. Banken worden ook voorzichtiger, al is het maar omdat het onderpand nu minder waard blijkt te zijn. En dit zet het hele proces in de achteruitversnelling. Eerst heel langzaam, daarna sneller.
- Het zal niet lang duren, voordat de eerste banken in de problemen komen. Sommige klanten kunnen hun leningen of hypotheken niet meer afbetalen. Bijv. omdat één van de werkende partners door de afkoelende economie geen werk meer heeft. En de waarde van het huis onder de waarde van de hypotheek gedaald is.
- Banken zullen afschrijvingen moeten doen op leningen en hypotheken en dat gaat ten laste van hun "reserves", het zgn. kernkapitaal. Dat kernkapitaal bedraagt meestal ook maar 4 tot 5 procent van het uitstaande krediet. Als een bank dus ca. 5 procent moet afschrijven op de kredietportefeuille, dan is deze technisch gesproken failliet, het kernkapitaal is "op".
- Banken moeten onder de arm gegrepen worden door de centrale bank en de overheid van het land waar zij gevestigd zijn. De eerste doet dat door met gedrukt geld, slechte hypotheken of andere leningen over te nemen. De tweede door noodkredieten beschikbaar te stellen (in Nederland bijv. ING) of banken over te nemen (in Nederland bijv. Fortis en AAB). Dit wordt gedaan met belastinggeld of met geld dat is verkregen door geld op de kapitaalmarkt te lenen. Hierdoor neemt de staatschuld weer toe, soms tot niveaus die het onmogelijk maken nog tegen een acceptabele rente geld op de kapitaalmarkt te lenen.

- Wanneer banken haast geen kernkapitaal meer hebben, komt het hele proces van kredietverlening snel tot stilstand. Hoe snel dat kan gaan leert de kredietcrisis van 2008. Deze begon in 2007 met de bank Lehman Brothers, die in de problemen raakte. Een jaar later brak wereldwijd paniek uit en verkeerden veel banken op de rand van een faillissement.
- Wat blijft is een economie die verslaafd is aan krediet, maar dat nu niet meer krijgt. En natuurlijk een staat, een bedrijfsleven en particulieren die tot hun oren in de schulden zitten. Dat voert o.a. tot een chronisch hoge werkloosheid en groeipercentages van economieën die kleine plusjes en grote minnen zal laten zien.
- Veel particulieren hebben na verloop van tijd een huis dat "onder water staat". Het is te duur gekocht en er staat een hoge hypotheekschuld tegenover. En die hypotheekschuld kan niet meer worden afbetaald met de opbrengst van de eventuele verkoop van het huis, omdat de marktwaarde van dat huis nu veel lager is.
- Veel staten proberen vervolgens met extra krediet de economie weer op gang te krijgen. Ze geven de patiënt eigenlijk een extra hoge dosis van het medicijn dat hem zo ziek heeft gemaakt. Dat kan de symptomen een tijdje bestrijden, maar de ziekte niet. En niet iedere staat kan zich dat veroorloven, omdat de kredietmarkt niet ieder land evenveel vertrouwt als het gaat om de kredietwaardigheid. Amerika of Duitsland kunnen dat doen, maar bijv. Portugal of Griekenland niet.
- Het enige effect dat dit heeft is dat industrieën en dienstverleners, waar in de economie geen behoefte meer aan is, op kosten van de belastingbetaler in leven worden gehouden. De economie kan zich, nu de extra koopkracht van het krediet is weggevallen, heel veel niet meer veroorloven. Bovendien zullen de inkomsten van veel consumenten door de verslechterende economie teruglopen. En ze zullen, als ze de kans krijgen, hun schulden versneld proberen af te lossen. Hun koop-

kracht vermindert en hun koopgedrag verandert, soms aanzienlijk.

- Centrale banken zullen, in een poging de kredietverlening weer op gang te brengen, de kapitaalmarktrente zover mogelijk naar beneden manipuleren. De kredietverstrekking komt daardoor niet op gang, want er is haast geen partij meer die krediet op wil nemen, of aan wie nog krediet verstrekt wordt. Het heeft wel een ander nadelig gevolg. Personen, die voor hun inkomsten afhankelijk zijn van de kapitaalmarktrente, zullen hun inkomen en koopkracht sterk zien terug lopen. Denk hierbij aan gepensioneerden en hun pensioenfondsen.
- Er is maar één oplossing mogelijk en dat is het afschrijven van schulden en investeringen die nooit meer rendabel zullen worden. Hoe sneller de pijn genomen wordt, hoe eerder een economie zich weer zal kunnen stabiliseren en herstellen. Ook het verlagen van lonen helpt. Werkgevers zullen dan weer sneller mensen in dienst nemen. Politiek wordt dat echter nooit geaccepteerd en een overheid zal dit proces met hand en tand tegensturen. Bijv. door goedkope kredietverstrekking, subsidies en het starten van allerlei projecten. Dat kan, totdat een staat zelf niet meer kredietwaardig is en geen kapitaal meer kan aantrekken of zelfs failliet gaat. Het is uitstel van executie.

Tenslotte is het goed hier de Oostenrijks-Amerikaanse econoom Ludwig von Mises aan het woord te laten, omdat hij geldt als de grondlegger van de theorie rond geld en krediet.

> **"The dearth** (schaarste) **of credit which marks the crisis is caused not by contraction but by the abstention from further credit expansion. It hurts all enterprises - not only those which are doomed at any rate, but no less those whose business is sound and could flourish if appropriate credit were available. As the outstanding debts are**

not paid back, the banks lack the means to grant credits even to the most solid firms. The crisis becomes general and forces all branches of business and all firms to restrict their activities. But there is no means of avoiding these consequences of the preceding boom.
Prices of the factors of production - both material and human - have reached an excessive height in the boom period. They must come down before business can become profitable again. The recovery and return to "normalcy" can only begin when prices and wage rates are so low that a sufficient number of people assume that they will not drop still more."

Omdat er zoveel partijen zijn die (korte termijn) belangen hebben bij dit hele proces, herhaalt de cyclus zich toch steeds opnieuw. 2008 is bijv. vergelijkbaar met 1929 en met 1873. Om te beginnen de commerciële banken, zij doen vele jaren lang heel goede zaken in de kredietverlening. Dat wordt ze mogelijk gemaakt door een overheid, die daarvoor het fractionele banksysteem in het leven heeft geroepen. Die overheid profiteert er ook van, omdat ze gemakkelijk veel geld kan lenen. Dat voert in feite tot een machtsverschuiving van de particuliere sector naar de collectieve sector (de staat), want wie betaalt bepaalt. Vele branches varen wel bij een economie die sterk groeit, denk o.a. aan de bouwsector. Politici, die vaak geen flauw benul hebben wat er eigenlijk gebeurt, geloven dat de economische groei juist te danken is aan hùn politieke beleid. En consumenten vinden het ook mooi, want het geeft ze een welvaartsgevoel. De huizenprijzen stijgen, de aandelenmarkten meestal ook. Dat die groei op kosten van de toekomstige generaties gaat realiseert haast niemand zich.

Want wat er eigenlijk gebeurt in de aanloop naar een kredietcrisis, is dat koopkracht in de tijd naar voren geschoven wordt. Het extra krediet vormt een toevoeging aan het besteedbare inkomen. Maar het krediet moet ook weer worden terugbetaald en dat vormt later weer een vermindering van het besteedbare inkomen. Veel economen geloven dat door het naar voren halen van koopkracht, de economie zo goed gaat draaien, dat het later afbetalen van schulden makkelijker gaat. Ze geloven een nieuw economisch paradigma te hebben ontdekt. Er zijn veel redenen waarom dit paradigma niet juist is. Het leidt o.a. tot de consumptie van (geleend) kapitaal, dat later niet meer voor investeringen beschikbaar is. En het leidt ook tot verkeerde investeringen, zoals ook in hoofdstuk *3.4 Investeringen, accumulatie van kapitaal of geldcreatie* verder wordt toegelicht. Als het paradigma wel juist zou zijn, zouden staten waar de collectieve en private sector grote schulden heeft, de meest welvarende economieën ter wereld zijn. Maar slechts het omgekeerde is het geval. Het nieuwe paradigma is eigenlijk het economische equivalent van de "perpetuum mobile". En hoewel veel lezers misschien in eerste instantie haast niet kunnen geloven wat ze tot nu hebben gelezen, zullen ze snel begrijpen dat zoiets niet zal functioneren.

What is called economic progress is the joint effect of the activities of the three progressive groups, the savers, the scientist-inventors, and the entrepreneurs, operating in a market economy.

Ludwig von Mises

3 Economische basisprincipes

3.1 Inleiding

Onderstaand zijn vier economische basisprincipes gegeven, die de basis van economische ontwikkeling en groei verklaren.

Welvaartsgroei is belangrijk, omdat het aansluit bij een diepgeworteld verlangen van mensen zowel hun eigen positie en levenskwaliteit, als die van hun kinderen en kleinkinderen, voortdurend te verbeteren. Deze welvaartsgroei kan ook de gevolgen van vergrijzing van een bevolking (minder werkende mensen) compenseren. Bovendien beschikken welvarende economieën altijd over de beste technologie en gezondheidszorg, omdat ze beter in staat zijn de langlopende investeringsprojecten te financieren die daarvoor nodig zijn. Dat leidt niet alleen tot meer welvaart en levenskwaliteit, maar bijv. ook tot een efficiëntere omgang met grondstoffen. En ze beschikken over productietechnieken die minder of niet milieubelastend zijn. Daarnaast zijn er technische en financiële mogelijkheden om eerder ontstane milieuschade terug te draaien. Het idee, zoals dat in sommige kringen de ronde doet, dat welvaartgroei uiteindelijk slecht zou zijn, vooral ook voor het milieu, is een volledig verkeerd denkbeeld.

3.2 De producerende consument

Iedereen die wil consumeren, moet eerst produceren. Dat is heel eenvoudig te zien bij bijv. een kleine boer die volledig zelf verzorgend is. Hij eet geen aardappel voordat deze geplant en geoogst is. De eerst volgende stap is ruilhandel, maar ook dan moet hij eerst aardappels hebben geteeld, voordat ze geruild kunnen worden voor bijv. eieren en kaas. Deze volgorde, produceren en dan consumeren, zit ook opgesloten in het woord "consumeren". Het betekent in het Latijn: vernietiging van nuttigheden. Maar die nuttigheden moeten dan wel eerst geproduceerd zijn. Daarom wil ik in het kader van dit boekje niet spreken van de consument maar van de "producerende consument".

Volgens de onjuiste maar zeer verbreide denkbeelden van de Engelse econoom Maynard Keynes (zie ook hoofdstuk *6.3 Maynard Keynes*) drijft juist de totale marktvraag naar goederen en diensten (aggregated demand) de economie. Keynes stelt dat er eerst geconsumeerd moet worden en dat de vraag die vanuit deze consumptie ontstaat, tot productie gaat leiden. En dat dit de economie drijft. Hij draait de volgorde dus om, eerst consumeren en dan produceren. Mocht een consument om wat voor reden dan ook, minder consumeren, dan leidt deze vraaguitval volgens Keynes tot een recessie. Daarom moet volgens Keynes de staat in een dergelijke situatie de consumptierol van de consument overnemen. Maar de staat produceert zelf niets. De enige manier waarop de staat aan financiële middelen kan komen is via belasting of via de drukpers. Maar wat er dan in feite gebeurt, is dat (eerdere) vruchten van productie (arbeid), bij de consument worden weggenomen door belasting en/of geldontwaarding en vervolgens door de staat worden gebruikt om haar consumptie te financieren. Het principe van eerst produceren en dan consumeren blijft dus onveranderd en is niet om te keren. Daar verandert ook Keynes niets aan met zijn theorie, die eigenlijk stelt dat de zon opkomt omdat de haan begint te kraaien.

3.3 Welvaartstoename door productiviteitstoename

Welvaart kan alleen toenemen, indien producerende mensen productiever kunnen worden. Anders gezegd, wanneer ze per tijdseenheid meer of betere producten kunnen maken. Dit kan alleen wanneer er meer en steeds geavanceerdere productiemiddelen ter beschikking komen. Deze productiemiddelen worden in het economische jargon kapitaalgoederen genoemd. Eenvoudige productiemiddelen zijn bijv. een handploeg en een kruiwagen. Geavanceerde productiemiddelen zijn een oogstmachine en een vrachtwagen. Het is ook eenvoudig in te zien, dat dezelfde persoon met een vrachtwagen meer produceren kan dan met een kruiwagen.

In eenvoudige economieën moesten mensen eerst meer voedsel produceren dan ze voor direct gebruik nodig hadden. Daardoor hoefden ze niet iedere dag het land te bewerken en konden ze tijd besteden aan bijv. het bouwen van een schuur of een graanmolen. In moderne economieën kan hetzelfde worden bereikt doordat mensen een deel van hun inkomen uit arbeid (productie) sparen. Dit geld kan worden geïnvesteerd in productiemiddelen. Hoe meer een gemeenschap spaart, hoe meer er geïnvesteerd kan worden in productiemiddelen en hoe productiever dus welvarender een land wordt. Het is een zelfversterkend proces.

Mensen streven voortdurend naar verbetering van hun positie of situatie. De geschiedenis van de mens is er één van ontwikkeling. Was dat niet zo, dan had hij nog steeds, in berenvellen gekleed, in grotten geleefd. Daarom zal hij mogelijkheden tot productiviteitsverbetering ook direct benutten, wanneer ze worden geboden. Sterker hij zal ze actief zoeken en perfectioneren. Dat is de drijfveer waarom een "kruiwagen-economie" zich ook altijd tot een "vrachtwagen-economie" zal ontwikkelen, zodra kapitaal beschikbaar komt dat t.b.v. investeringen kan worden aangewend.

Het belang van productiviteit in relatie tot welvaart en concurrentiekracht is goed zichtbaar in *figuur 3.1.* op de volgende pagina. Allereerst worden hier per land de loonkosten per geproduceerde eenheid (stuksprijs) gegeven. Daarbij worden inhoudelijke verschillen tussen aard en kwaliteit van een product overigens buiten beschouwing gelaten. De gegevens zijn van 2010 en het zijn relatieve kosten ten opzichte van elkaar, waarbij het Duitse niveau steeds op 100 wordt gesteld. Uit de grafiek blijkt dat Nederland één van de laagste loonkosten per eenheid heeft en Frankrijk de hoogste. Toch blijkt Nederland één van de hoogste totale loonkosten (lonen en daaraan gerelateerde werkgevers bijdragen) te hebben, het is nummer drie in de groep als het daarom gaat. Dat Nederland tot de landen met de laagste loonkosten per eenheid behoort komt door de hoge arbeidsproductiviteit. De hoogste van de groep. Dat betekent dat per medewerker het meest en het efficiëntst wordt geproduceerd in vergelijking met andere landen. En die productiviteit houdt rechtstreeks verband met de investeringen die over de jaren heen gedaan zijn in productiemiddelen, onderwijs etc. Ook kent Nederland in vergelijking met Duitsland

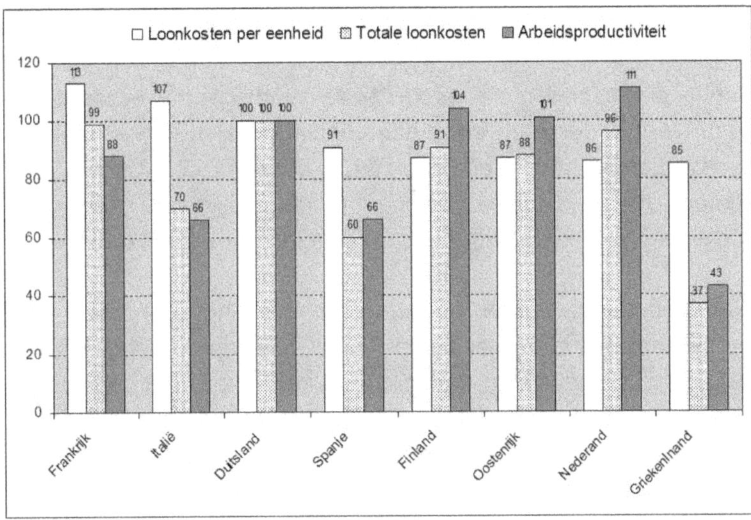

Figuur 3.1, geïndexeerde loonkosten per geproduceerde eenheid in relatie tot de totale loonkosten en arbeidsproductiviteit, volgorde in afnemende loonkosten per eenheid, stand 2010 (Duitsland =100)

Bron Lohnstückkosten der Industrie im Internationalen Vergleich, IW-trends 4/2011

en vooral Frankrijk minder belemmerende regelgeving. Alleen Griekenland produceert nog een fractie goedkoper dan Nederland maar kan zich vanwege de lage productiviteit slechts ca. één derde van de totale loonkosten veroorloven t.o.v. Nederland. Loonkosten zijn overigens niet hetzelfde als het loon dat een werknemer bruto in zijn loonzakje vindt, omdat werkgevers vaak allerlei sociale premies betalen. En het is ook zeker niet hetzelfde als het bedrag dat een werknemer uiteindelijk netto over houdt. Maar er is natuurlijk wel een verband tussen wat een werknemer overhoudt en de totale loonkosten per eenheid.

3.4 Investeringen, accumulatie van kapitaal of geldcreatie

Het is onomstreden dat productiviteitsverhoging welvaart betekent. De investeringen in de daarvoor noodzakelijke kapitaalgoederen dienen voor een duurzame economische ontwikkeling echter uitsluitend uit besparingen (accumulatie van kapitaal) te komen en niet uit krediet ontstaan uit geldcreatie (geld drukken).

Wanneer consumenten in een productievere economie meer kunnen sparen, is er meer geld beschikbaar op de kapitaalmarkt. De prijs voor het lenen van geld, de rente, zal daardoor dalen. Investeerders durven het dan aan grotere en langer lopende investeringsprojecten te starten. Dergelijke projecten leiden altijd tot hoogwaardiger diensten en consumptiegoederen. Deze beweging was in de vorige eeuw bijv. te zien in het beschikbaar komen van steeds meer en hoogwaardiger huishoudapparaten, later ook in het beschikbaar komen van steeds meer en comfortabeler auto's. De consument kon deze goederen ook afnemen, omdat hij de daarvoor noodzakelijke besparingen al beschikbaar had, maar deze eerst voor een paar jaar als kapitaal t.b.v. investeringen had uitgeleend. Besparingen zijn op te vatten als uitgestelde consumptie.

Wanneer er kapitaal t.b.v. investeringen door geldcreatie te beschikking komt (zie ook de hoofdstukken *2.3 Inflatie en deflatie* en *4.4 Begrotingstekort*), is er echter geen verband meer met eerdere besparingen. En er is in eerste instantie, zolang het proces nog door het publiek en de financiële markten wordt vertrouwd, ook haast geen beperking aan. Kapitaal t.b.v. investeringen komt zo te goedkoop en in overvloed beschikbaar. Er wordt volop geïnvesteerd, vooral in langlopende investeringsprojecten. Deze investeringprojecten leveren in eerste instantie veel werkgelegenheid op en stimuleren de economie. Dat is het opgaande deel van een dergelijke investeringscyclus. Maar de investeringen hebben geen relatie met de reële besparingen die door consumenten zijn gedaan. Daarom leiden dergelijke investeringsprojecten tot de productie van het soort goederen waarvoor de consument niet de besparingen beschikbaar heeft om ze later te kopen. Een economie produceert dan goederen, die die economie zichzelf niet kan veroorloven. Er is, door de beschikbaarheid van te veel en te goedkoop geld, verkeerd geïnvesteerd (niet overgeïnvesteerd). Of in economen jargon: er is een verkeerde productiestructuur ontstaan. De enige oplossing, hoewel door de politiek altijd met hand en tand bestreden, is de afschrijving van deze verkeerde investeringen èn de kredieten die hiervoor zijn verstrekt. Dat is het neergaande deel van de investeringscyclus. Dat neergaande deel probeert de politiek altijd tegen te sturen op de verkeerde manier. Ze tracht consumenten te verleiden goederen te kopen ("koop nu die auto"), die ze zich eigenlijk niet kunnen veroorloven. Daardoor wordt de afschrijving van verkeerde investeringen uitgesteld. Maar belangrijker, het geconsumeerde kapitaal is niet meer beschikbaar voor investeringen die de economie in de toekomst, nadat de verkeerde investeringen uiteindelijk toch (gedwongen) zijn afgeschreven, wel weer op gang zouden kunnen helpen.

Een dergelijke economie, waar investeringen grotendeels gefinancierd worden door geldcreatie (kredietcreatie), zal dus altijd onderhevig zijn aan een sterke op- en neerwaartse beweging, de "boom-bust cycle". De geschiedenis leert dat een dergelijke cyclus ca. 60 tot 80 jaar duurt. Deze cyclus moet niet worden verward met de normale golfbewegingen in de economie, die ca. 5 tot 7 jaar duren. Wanneer investeringen echter uitsluitend uit besparingen worden gefinancierd, zal een dergelijk boom-bust cycle niet optreden. De economie zal geleidelijker en veel constanter groeien. Eerst sparen, dan investeren, vervolgens produceren en dan consumeren, iedereen met een beetje gevoel voor economie zal het direct begrijpen.

Dat dit alles geen theorie is maar praktijk, blijkt ook uit *figuur 3.2*. Hier is de industriële productie gegeven tussen 1950 en 2016 in Amerika. Interessant is de trendbreuk in de groei, die kort na 1971 optrad. Want wat gebeurde er in 1971? De Amerikaanse dollar werd ontkoppeld van de goudstandaard. Voor mei 1971 konden buitenlandse (centrale) banken hun dollars voor goud omruilen. Maar er werd voor 1971 al een aantal jaren royaal geld gedrukt door de Amerikaanse centrale bank (FED) en via het fractionele banksysteem. Er ontstond dus veel monetaire inflatie in de Amerikaanse dollar. Buitenlandse banken zagen dat en begonnen op steeds grotere schaal hun dollars om te ruilen voor goud. Dat leidde echter tot een onhoudbare uitstroom van goud uit de kluizen van de FED. Daarom stopte de Amerikaanse president Nixon met het omruilen van dollars voor goud. En omdat de Amerikaanse dollar nu helemaal niet meer aan goud gebonden was,

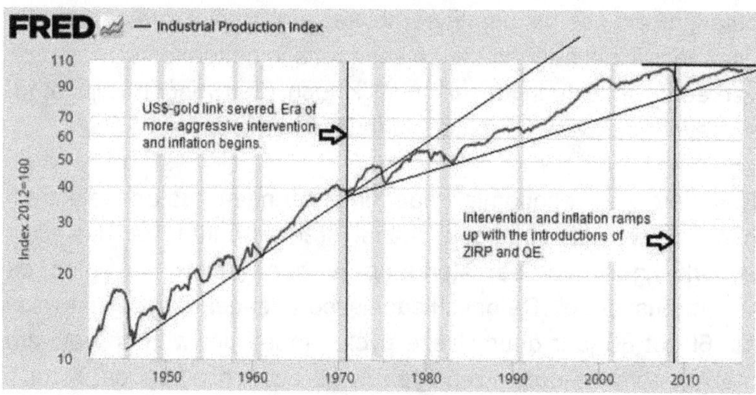

Figuur 3.2, Industriële productie tussen 1950 en 2016 in Amerika, op een logaritmische schaal. Wanneer de groei zich langs de trendlijn was blijven en in 1971 niet was afgebogen, zou deze ca. 2 X groter zijn geweest dan nu gerealiseerd is.
Bron: http://www.speculative-investor.com/, door Steve Saville

konden er nu onbeperkt dollars gecreëerd worden. En dat werd ook gedaan. Dat heeft de wereld geweten. De monetaire inflatie leidde tot prijsverhogingen in Amerika en Europa tot soms meer dan 10% per jaar. Maar het leidde ook tot te veel investeringskapitaal. En daarmee tot verkeerde investeringen. Dat effect is mooi te zien in *figuur 3.2* . Als de trendmatige groei van voor 1971 had kunnen doorzetten (d.w.z. deze had zich verder bewogen langs de trendlijn), dan was de groei ca. 2 X groter geweest, dan de groei die nu gerealiseerd is. Dàt is nu de werkelijke schade van inflatie.

Dat het onbeperkt creëren van geld uiteindelijk helemaal niet meer werkt, is ook in de zelfde grafiek te zien. Tussen 2008 en 2016 heeft de FED 3,6 Triljoen Dollar in omloop gebracht (zie *figuur 2.7*). En dit bedrag is vervolgens via het fractionele banksysteem een aantal keren vermenigvuldigd. De FED heeft dit gedaan om de economische gevolgen van de kredietcrisis tegen te sturen. Al met al heeft dit geleid tot een astronomische vergroting van de geldhoeveelheid in het Dollardomein. Alleen, de uitwerking op de Amerikaanse economie blijkt zeer bescheiden. Het niveau van de industriële productie heeft het niveau van 2007 nooit meer overstegen. Sterker, sedert 2015 daalt dit niveau weer. De patiënt reageert haast niet meer op de medicatie. Anders gezegd, de Amerikaanse economie is kapot. Dat geldt overigens ook, en in verstekte mate, voor de Europese economieën. En het verklaart ook waarom centrale banken en overheden iedere recessie, zelfs een hele lichte, koste wat het kost proberen te vermijden. Want een patiënt die niet meer reageert op medicatie, is ongeneselijk ziek. Een volgende recessie is daarom zeer waarschijnlijk niet meer op te vangen met monetaire maatregelen.

3.5 Specialisatie

Een ander mechanisme dat een samenleving productiever en welvarender maakt, is dat veel producerende consumenten zich gaan specialiseren. De één wordt schoenmaker, de tweede timmerman en de derde een boer die zich toelegt op het verbouwen van graan. Ieder doet zoveel mogelijk waar hij goed in is en waarin hij / zij zich wil en kan specialiseren. Die specialisatie is ook noodzakelijk, omdat haast ieder vakgebied steeds meer omvattend wordt en het niet meer is te overzien door één persoon. In de zeventiende eeuw kon de scheepschirurgijn nog haast iedere medische handeling verrichten. Maar de laatste 150 jaar is het medische vakgebied zo omvattend geworden dat er veel meer specialisatie ontstaan is. Een tendens die nog altijd door zet. Ook onderzoek en verdere ontwikkeling van een vakgebied, kan alleen indien onderzoekers zelf steeds meer gespecialiseerd worden. Denk bijv. aan de ontwikkeling van het geavanceerde DNA onderzoek. De mate waarin een economie van een land gespecialiseerd is, kan als een maatstaf worden gezien van de geavanceerdheid van die economie. Dat zelfde geldt voor een willekeurig vakgebied of industrietak, van waaruit voortdurend geavanceerdere producten en diensten kunnen worden aangeboden.

Een afgeleid effect hiervan is dat mensen met elkaar gaan samenwerken, omdat ze elkaar nodig hebben. Dit principe wordt in het Engelse economische jargon "specialization and social cooperation" genoemd. Een prettig neveneffect is dat men, omdat men elkaar nodig heeft, ook goede relaties met elkaar gaat ontwikkelen. Hoe uitgestrekter, tot op wereldwijd niveau aan toe, de zakelijke relaties zijn, hoe omvattender ook het persoonlijke relatienetwerk is. En omdat iemand niet snel ruzie maakt met een gewaardeerde zakenpartner, draagt het niet alleen bij aan welvaart, maar ook aan stabiliteit en vrede.

In a country well governed, poverty is something to be ashamed of.
In a country badly governed, wealth is something to be ashamed of.

Confucius

4 Overheidsmaatregelen

4.1 Inleiding

Maar het houdt niet op bij deze principes. Wat bepalend is voor de vraag of een samenleving welvarend wordt of juist niet, is in hoeverre in een dergelijke samenleving deze principes ook de ruimte krijgen, of juist niet. Onderstaand zijn 4 factoren gegeven die daarvoor bepalend zijn. Deze factoren liggen volledig binnen de invloedsfeer van een overheid, en zijn "de rechtsstaat", "belastingklimaat", "begrotingstekort" en "regelgeving": Het zijn eigenlijk de knoppen waarmee de economie bestuurd kan worden. Die besturing kan overigens uitsluitend plaats vinden door via overheidsinterventies het gedrag van individuele mensen of groepen te beïnvloeden. In hoofdstuk 5 wordt toegelicht hoe die knoppen "ingesteld" kunnen worden en hoe dat dan uitwerkt op een economie.

4.2 De rechtsstaat

Het meest belangrijk is, dat een land een rechtsstaat vormt. Zonder rechtsstaat kan geen samenleving floreren. Wat van een burger, een investeerder of ondernemer is, blijft van hem. En wanneer er een dispuut is met een leverancier, een klant, een zakenpartner of de overheid van dat land, is er een functionerend rechtssysteem. Daarnaast wordt een rechtsstaat ondersteund door een laag niveau van corruptie, een basis veiligheid voor iedereen en een stabiel politiek klimaat.

De Vlaamse rechtsfilosoof Frank van Dun formuleert het in zijn boek "Het Fundamenteel Rechtsbeginsel" als volgt:
"...het principe van de materiële gerechtigheid is: dat ieder mens een soeverein rechtssubject is, dat wil zeggen dat ieder mens het recht heeft met het zijne, met al zijn middelen, te doen en te laten wat hij wil, en dus ook, dat geen enkel mens het recht heeft wat dan ook te doen met de middelen van een ander, zonder diens toestemming. Ieder het zijne, ieder mens meester van zichzelf, en van niemand anders - dat is het principe van het recht".

4.3 Belastingklimaat

De overheid van een land voert een aantal taken uit en zorgt in veel gevallen voor een sociaal vangnet in enige vorm. Hiervoor heeft een overheid inkomsten nodig, die ze voornamelijk realiseert via belastingen. Een discussie over belasting is dus direct een discussie over overheidstaken en de omvang van het sociale vangnet. Onder dit hoofdstuk 4.3 gaat het primair om de vraag wat belasting economisch voor effect heeft. Die politieke en maatschappelijke keuzes die tot een lage of juist hoge belastingdruk voeren, worden hierna onder hoofdstuk 5 beschreven.

Er zijn een aantal overheidstaken die als een randvoorwaarde gezien kunnen worden voor een florerende economie, zoals het handhaven van de rechtsstaat en het creëren en onderhouden van een infrastructuur. De gelden die een overheid daaraan besteedt, moeten eerst door de private sector worden opgebracht. Maar ze kunnen worden gezien als investeringen in noodzakelijke economische randvoorwaarden, het is een bijzondere vorm van investeringen in productiemiddelen. Echter, een overheid heeft ook steeds de tendens om uit te dijen. O.a. omdat de politiek steeds weer taken toevoegt, maar er haast nooit één weg neemt. Bovendien is in veel sectoren de marktwerking maar beperkt of zelfs helemaal niet aanwezig. Daarom moet steeds beoordeeld worden of overheidstaken niet efficiënter uitgevoerd kunnen worden, of ze niet beter aan de private sector kunnen worden uitbesteed en of iets eigenlijk wel een taak van de overheid is.

Met een kleine en efficiënte overheid, die alleen de minimaal noodzakelijke taken uitvoert, wordt onnodige belastingdruk voorkomen. En dat is heel belangrijk. Want belasting neemt direct koopkracht weg bij de producerende consument en vermindert zo niet alleen de vraag naar producten en diensten, maar het leidt ook tot vermindering van besparingen. Dat vertaalt zich naar een vermindering van investeringen in nieuwe productiemiddelen. En dat leidt weer tot een verminderde productiviteitsgroei en dus de welvaartsgroei, of zelfs een afname daarvan. Dat laatste is aan de orde wanneer er zelfs onvoldoende kapitaal beschikbaar is om de productiemiddelen die door slijtage uitvallen, te vervangen. Een vergelijkbaar effect is aan de orde bij het belasten van het bedrijfsleven.

Dat een economie een hoge welvaartsgroei kent is belangrijk, want een dergelijke economie kent ook altijd een lage werkloosheid, waardoor er ook veel minder een beroep hoeft te worden gedaan op sociale voorzieningen. Daardoor kunnen belastingen weer lager blijven, want er is minder nodig voor sociale voorzieningen. Bovendien kan de totale belastingsom met meer werkende mensen worden opgebracht, waardoor de belastingdruk per persoon ook nog afneemt. Zo komt een economie in een positieve spiraal terecht, het voorbeeld hier is weer Zwitserland. Het omgekeerde effect treedt ook op, Frankrijk is daar een goed voorbeeld van.

4.4 Begrotingstekort

Wanneer overheden om wat voor reden dan ook, meer uitgeven dan zij aan belastinginkomsten binnen krijgen, ontstaat een begrotingstekort. De eerste reactie zou natuurlijk moeten zijn om de uitgaven aan te passen aan de inkomsten, net zoals iedere burger dat moet doen. Maar politiek wordt daar meestal niet voor gekozen, dus er blijft een tekort dat moet worden gefinancierd. Dat kan op twee manieren.

Overheden kunnen om te beginnen geld op de kapitaalmarkt lenen, maar zij onttrekken dan geld aan de hoeveelheid spaargeld die anders voor investeringsdoeleinden beschikbaar zou zijn geweest. Ze verdringen het productieve bedrijfsleven van de kapitaalmarkt. Het leidt dus direct tot minder productiemiddelen omdat daar nu minder investeringskapitaal voor beschikbaar is en het vermindert daardoor de economische groei.

Overheden kunnen ook lenen bij hun centrale bank. Meestal gebeurt dit door tussenkomst van een commerciële bank. Deze koopt de staatsleningen van de overheid en verkoopt ze vervolgens weer aan de centrale bank. Dit wordt indirecte monetaire financiering genoemd. Maar het komt simpel gezegd neer op geld drukken om het overheidsbudget sluitend te maken. Het gedrukte geld dat een overheid nu in handen heeft wordt vervolgens door die overheid uitgegeven en komt in omloop in de economie. Een deel daarvan belandt vroeg of laat op spaarbankrekeningen. Daar wordt het via het fractionele banksysteem tot ca. 20 X uitgeleend en daarmee als hoeveelheid geld haast vertwintigvoudigd. Dat gehele proces is uitvoerig beschreven onder hoofdstuk *2.3 Inflatie en deflatie*.

Om te beginnen voert deze vorm van overheidsfinanciering, in combinatie met het fractionele banksysteem, natuurlijk tot de vergroting van de geldhoeveelheid en dus tot monetaire inflatie. Als de producerende consument zijn inkomen niet volledig voor inflatie gecompenseerd ziet, ontstaat hetzelfde effect als onder hoofdstuk *4.3 Belastingklimaat* genoemd. Het koopkrachtverlies door inflatie is niets anders dan een "gecamoufleerde belastingverhoging". Bovendien zal het reeds bestaande besparingen ontwaarden, anders gezegd, de koopkracht van reeds beschikbaar investeringskapitaal, verworven uit arbeid, zal verminderen. En dat is dus niet meer beschikbaar voor investeringen die tot productiviteitsverhoging kunnen leiden. Dit speelde in veel landen in de 70er jaren van de vorige eeuw.

Echter, verreweg het meest schadelijke effect van dit proces is het te goedkope krediet dat na verloop van tijd in overvloed beschikbaar komt. Als een overheid maar bij een centrale bank blijft lenen, blijft het fractionele bank systeem dat geld ook met 10 tot 20 X vermenigvuldigen en als kredieten beschikbaar stellen. De kapitaalmarkten raken uiteindelijk overvoerd met krediet. En dat leidt, zoals hiervoor onder hoofdstuk *3.4 Investeringen, accumulatie van kapitaal of geldcreatie* omschreven, uiteindelijk tot verkeerde investeringen. Deze kunnen een zodanige omvang bereiken dat ze een economie totaal kunnen destabiliseren en voor enkele decennia in een toestand van depressie kunnen houden. Dit mechanisme wordt haast nooit onderkend.

Hoe verheven de doelstellingen ook en hoe mooi de verhalen, overheidstekorten zijn zeer schadelijk voor een economie, zeker wanneer ze langere tijd aanhouden.

4.5 Regelgeving

Regelgeving belemmert heel vaak ondernemers en ondernemingen. Hoewel een zekere basisregulering nodig is, is er de laatste 50 jaar een proces ontstaan waarbij de overheid, in haar streven naar het creëren van een ideale, "rechtvaardige" en risicovrije samenleving, volkomen is doorgeslagen in regelgeving. Het leidt tot bureaucratie en het belemmert ondernemers in het doen waar ze goed in zijn, ondernemen ofwel waardecreatie. Economische vrijheid is van groot belang. Uit deze vrijheid ontstaat ook een grote economische diversiteit. En daaruit ontwikkelen zich steeds weer nieuwe ondernemingsvormen en ondernemingen. De economie vernieuwt zich zo telkens. Biologen vinden biologische diversiteit o.a. om die reden belangrijk. Voor een economie geld hetzelfde. En het principe is net zo van toepassing op persoonlijke vrijheid. De geschiedenis leert dat persoonlijke vrijheid en economische vrijheid altijd samengaan met economische bloei. En het omgekeerde geldt natuurlijk ook, daarvan levert de geschiedenis helaas ook de voorbeelden. Bovendien leidt veel regelgeving tot een steeds grotere overheid, alleen al om alle regelgeving te handhaven. En die grotere overheid moet weer betaald worden. Dit leidt niet alleen tot meer kosten en belastingdruk, maar daardoor ook tot minder besparingen en dus minder investeringen in kapitaalgoederen die de welvaart laten stijgen.

Een bijzondere vorm van regelgeving is het verstrekken van subsidie. Het komt altijd op het volgende neer. Ondernemers die bepaalde investeringen doen, krijgen in enige vorm deze investeringen (gedeeltelijk) vergoed. Dat ontaard soms in volledige staatssteun. Of consumenten die bepaalde producten kopen krijgen een deel van de aankoopkosten vergoed. Het probleem met subsidies is altijd dat ze in de praktijk concurrentie verhoudingen verstoren, dat nieuwe industrieën ontstaan waar onder normale omstandigheden geen markt voor zou zijn of dat ze oude onrendabele industrieën in leven houden.

Concurrentieverhoudingen werden bijv. na de kredietcrisis van 2008 verstoord in de autobranche. Om autofabrikanten draaiende te houden, verstrekten veel landen subsidie op aankoop van nieuwe auto's. Dus zakte de verkoop van gebruikte auto's in elkaar. Handelaren en dealers die zich vooral in het segment van de gebruikte auto's bewogen en die op zich de markt wel goed hadden ingeschat, bleven opeens met grote voorraden onverkochte auto's zitten. De werknemers bij Opel en Peugeot waren gered, maar veel handelaren in gebruikte auto's hadden het zwaar of gingen failliet.

Een voorbeeld van het ondersteunen van verouderde industrieën is de Nederlandse scheepsbouw. Deze was in de jaren 70 de concurrentiepositie kwijt geraakt aan Aziatische werven. Wat er over was, werd gebundeld in het Rijn-Schelde-Verolme conglomeraat, dat zich met subsidie van de ene opdracht naar de andere sleepte en halverwege de jaren 80 toch werd ontmanteld. Het was gedurende die ca. 10 jaar wel een bodemloze put als het om belastinggeld ging.

You cannot help the poor by destroying the rich.
You cannot strengthen the weak by weakening the strong.
You cannot bring about prosperity by discouraging thrift.
You cannot lift the wage earner up by pulling the wage payer down.
You cannot further the brotherhood of man by inciting class hatred.
You cannot build character and courage by taking away people's initiative and independence.
You cannot help people permanently by doing for them, what they could and should do for themselves.

Abraham Lincoln

5 Politieke en maatschappelijke keuzes

5.1 Inleiding

Rechtsstaat, belastingklimaat, begrotingstekort & financieringswijze en regelgeving vloeien echter direct voort uit keuzes die politiek en maatschappelijk worden gemaakt. Onderstaand zijn een aantal voorbeelden gegeven, waarin duidelijk wordt gemaakt hoe die keuzes uiteindelijk op de daadwerkelijke welvaart van een samenleving uitwerken. Anders gezegd, of het proces van waardecreatie wordt gehinderd of juist gestimuleerd:

5.2 Nivelleren

Een specifiek voorbeeld van de principes zoals beschreven onder de hoofdstukken *4.3 Belastingklimaat* en *4.4 Begrotingstekort*, is "nivelleren", het verkleinen van welvaartverschillen, altijd aangehangen door "links". Het vermindert de totale welvaartsgroei aanzienlijk en kan zelfs leiden tot een welvaartvermindering. Dit negatieve effect op de welvaart gaat niet alleen op kosten van de middenklasse maar vooral ook op kosten van de lagere maatschappelijke lagen. O.a. door een chronisch hoge werkloosheid en "underemployment".

Het wordt altijd gedaan door het wegbelasten van besparingen bij de midden en hogere inkomensgroepen. En het subsidiëren van de groepen met de laagste inkomens. Dit kan worden gedaan door directe belasting of door waardevermindering van spaargeld door inflatie. Wat er in feite economisch wordt gedaan, is dat investeringskapitaal wordt weggenomen en dat het wordt gebruikt voor consumptie. Dat wordt gedaan doordat de staat het gebruikt voor subsidies en uitkeringen t.b.v. de lagere sociale klassen. Die spenderen dat geld direct en worden bovendien gemotiveerd hun status quo te handhaven en niet te proberen hun levenssituatie te verbeteren.

De voorstanders van deze handelswijze zullen beweren dat er hoe dan ook vraag wordt gecreëerd. Dat is dan vooral vraag naar directe levens behoeften, die meestal niet te associëren is met hoogwaardige industrie en dito werkgelegenheid. Wat niet wordt gezien, is dat er minder kapitaal voor productiemiddelen beschikbaar is. Met deze investeringen zou de productiviteit van een hele economie en daarmee de totale welvaart duurzaam naar een hoger plan kunnen worden gebracht. Met als één van de gevolgen een toename van de reële werkgelegenheid. In zo'n situatie vindt haast ieder die werken wil een baan, zelfs mensen met een handicap zullen vaak een zeer bevredigende functie kunnen vinden. Daarom zijn landen waar "nivelleren" gemeen goed is, veel minder welvarend dan landen waar een sterke middenklasse is. Een goed voorbeeld van dat laatste is Zwitserland (zie *figuur 5.1* op de volgende pagina), het land is de afgelopen decennia (ruim) 50% welvarender gebleken dan het Europese gemiddelde. En dat bij een stabiel lage werkloosheid.

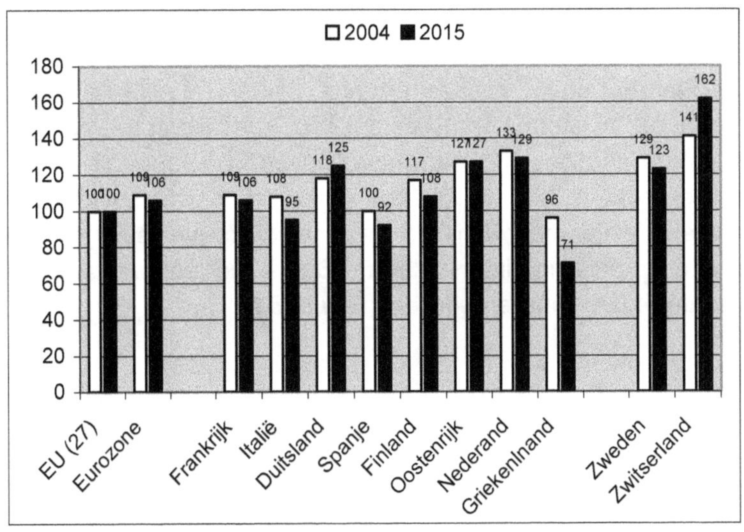

Figuur 5.1, het bruto nationale product (BNP) per hoofd van de bevolking van een aantal representatieve Europese landen, omgerekend naar het prijsniveau in dat land (vergelijkbare koopkracht).
Bron: Eurostat

5.3 De alles omvattende welvaartstaat

Een ander voorbeeld van de principes uit de hoofdstukken *4.3 Belastingklimaat* en *4.4 Begrotingstekort* is de grote alles omvattende (welvaart)staat, zoals die de afgelopen decennia in Europa overal is ontstaan. Het idee daarachter is om "sociale onrechtvaardigheden" te corrigeren met subsidies, uitkeringen en een op "nivelleren" gerichte regelgeving. Dit alles bestuurd door een enorm overheidsapparaat. Nog los van de vraag wat sociaal onrechtvaardig is en hoe mensen eventueel langdurig in een uitkeringsituatie zijn gekomen, vormt de welvaartstaat een enorme rem op de economie.

In veel landen bedraagt de zgn. collectieve sector, de uitgaven die door de staat worden beheerst of worden gedaan, al meer dan 50% van het bruto nationaal product (BNP). Het BNP is, in geld uitgedrukt, de waarde van alles dat door een land in de vorm van goederen en diensten wordt geproduceerd. Anders gezegd, van iedere Dollar of Euro die in enige vorm in de private sector wordt verdiend, wordt meer dan 50% naar de collectieve sector overgeheveld via belasting in enige vorm. Dat is voor een aantal representatieve landen weergegeven in *figuur 5.2*.

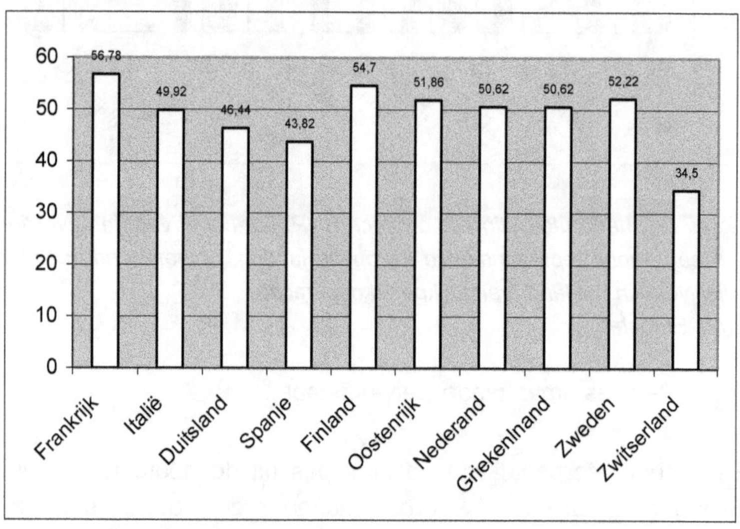

Figuur 5.2, de collectieve sector als percentage van het BNP, het gemiddelde percentage over de periode 2009 t/m 2013
Bron: Bundesministerium der Finanzen

Dit betekent om te beginnen dat er veel investeringskapitaal wordt afgeroomd, met alle negatieve gevolgen zoals omschreven in hoofdstuk *5.2 Nivelleren*. Mede daardoor worden er ook teveel mensen van een uitkering afhankelijk. Bovendien werken er steeds meer mensen in die collectieve sector en niet in het waardecreëerende bedrijfsleven (private sector). Er zijn dus steeds minder mensen die belastinggeld opbrengen en steeds meer die belastinggeld consumeren. De balans tussen de private sector en de collectieve sector komt volledig verkeerd te liggen. Er ontstaat een zichzelf versterkend effect, waarbij de economie steeds verder wordt geremd, de staat steeds verder uitdijt en het aantal mensen dat van een uitkering afhankelijk wordt, steeds verder toeneemt. En veel mensen die bij de overheid werkzaam zijn, vinden werk in het steeds uitdijende regelgeving en controle apparaat. Natuurlijk politiek heel correct maar het leidt zelden tot het faciliteren maar vooral tot het belemmeren van het bedrijfsleven.

In een democratie kan een dergelijke grote staat alleen maar ontstaan, indien de meerderheid van de kiezers vindt dat de staat de oplossing moet leveren voor haast ieder probleem. Veel mensen willen dat er genivelleerd wordt, omdat ze zich te kort gedaan voelen en denken dat een grote staat de welvaart rechtvaardig herverdeelt. En het is natuurlijk ook veel makkelijker dat aan een anonieme staat over te laten dan naar je buurman te stappen en te zeggen dat je een deel van zijn inkomen wilt hebben omdat je vindt dat hij te veel verdient. Een andere groep mensen ziet zich als sociaal geëngageerd en voelt ook veel voor de alles omvattende welvaartstaat. Politici werpen zich daarnaast graag op als de oplossers van haast ieder probleem, zolang ze maar worden gekozen. Een sluipend bijeffect hiervan is dat mensen ook steeds minder verantwoordelijkheid voor zichzelf en voor anderen nemen en zich steeds afhankelijker van die staat opstellen.

De ontwikkeling van de alles omvattende welvaartstaat gaat niet alleen een aanzienlijke rem op de economie vormen, maar kan bij van oorsprong welvarende landen tot een belangrijke vermindering van de welvaart gaan leiden. Strikt genomen dient een overheid te zorgen voor een rechtsstaat, een infrastructuur en een minimaal sociaal vangnet. Daarnaast is een goede maar eenvoudige regelgeving op veel terreinen voldoende en kunnen veel zaken beter aan het bedrijfsleven of het particuliere initiatief worden overgelaten. Wanneer de overheid een klimaat creëert waarin werken loont en sparen aangemoedigd wordt, leidt dit ook weer tot het opbouwen van investeringskapitaal. Ook hier is Zwitserland een goed voorbeeld, als het gaat om een spaarzaam land met een kleine overheid.

5.4 Inflatie als politieke keuze

De alles omvattende welvaartstaat is op zich al een politieke keuze. Een andere politieke keuze is hoe deze welvaartstaat wordt gefinancierd. Op zich kan een welvaartstaat degelijk worden gefinancierd. Dat betekent wel een hoge belastingdruk met alle negatieve economische gevolgen van dien. Maar het is wel een transparante en eerlijke financiering. De welvaartstaat is in veel landen redelijk populair. Men beschouwt het als een maatschappelijke verworvenheid. De één vindt dat het een recht is. De ander, die er misschien niet direct gebruik van hoeft te maken, toch een teken van beschaving. Maar als het prijskaartje één op één zichtbaar zou worden, zullen veel mensen zich waarschijnlijk achter hun oor gaan krabbelen.

In het verleden was er overigens nòg iets dat bijzonder impopulair was bij de meeste belastingbetalers en dat was het voeren en dus financieren van oorlog. Sommige landen wilden beide doelen realiseren. Zo voerde de Amerikaanse president Johnson een kostbare oorlog in Vietnam en voerde in eigen land de oorlog tegen armoede. Dat laatste moest voeren tot "The Great Society". De oorlog in Vietnam is verloren omdat zelfs Amerika een vastbesloten volk niet uit haar eigen land kon wegjagen. De oorlog tegen armoede wordt langzaam maar zeker verloren, omdat de negatieve effecten van de alles omvattende welvaartstaat zelfs de economie van een land als Amerika uiteindelijk op de knieën krijgt.

Politiek kan besloten worden (veel) minder belasting te heffen dan nodig is om hoge staatsuitgaven te dekken. Het verschil wordt monetair gefinancierd door een centrale bank die geld drukt, zoals dat onder hoofdstuk *4.4 Begrotingstekort* is omschreven. Zo wordt er extra belasting via inflatie geheven. Maar dat merkt de burger pas na verloop van tijd via koopkrachtverlies van het geld dat hij in zijn zak heeft of op een spaarrekening heeft staan. Maar haast niemand zal de relatie kunnen leggen tussen dit koopkracht verlies en de politieke doelen die daarmee gefinancierd worden. Het ironische daarvan is nog dat de burger wiens koopkracht sterk wordt aangetast en zich daarover beklaagt, vaak juist een grote voorstander is van een omvangrijke welvaartstaat of van veelvuldig militair ingrijpen.

Als afsluiting van dit zo belangrijke thema wil ik de Oostenrijks-Amerikaanse econoom Ludwig von Mises aan het woord laten:

> **Inflationism, however, is not an isolated phenomenon. It is only one piece in the total framework of politico-economic and socio-philosophical ideas of our time. Just as the sound money policy of gold standard advocates went hand in hand with liberalism, free trade, capitalism and peace, so is inflationism part and parcel of imperialism, militarism, protectionism, statism and socialism.**
> On the Manipulation of Money and Credit, p. 48.

5.5 De vrije markt

Welvaart creëren gebeurt ook door vraag en aanbod zo goed mogelijk bij elkaar te brengen. Wat heeft het voor een autoproducent voor zin om auto's te produceren, wanneer ze vervolgens op het parkeerterrein blijven staan omdat ze de weg naar de afnemer niet kunnen vinden? Ze kunnen dan beter niet geproduceerd worden.

Hoe efficiënter een consument kan inkopen, hier te definiëren als het product dat het best bij zijn behoefte aansluit en gekocht kan worden voor de laagste prijs, hoe meer geld hij overhoud voor de consumptie van andere goederen. Of voor het sparen van kapitaal dat eventueel weer geïnvesteerd kan worden. Maar ook voor de producent is een grote en efficiënte marktvraag van belang, het betekent voor hem eenvoudig een grotere en beter bereikbare afzetmarkt.

Daarom zijn protectionistische maatregelen die markten "beschermen", erg nadelig voor de welvaartsontwikkeling. Wie hier worden beschermd zijn de lokale producenten tegen buitenlandse concurrenten. En dat op kosten van de consument. Hij heeft minder keus uit producten en diensten. Bovendien kunnen lokale producenten, wanneer de concurrentie gedeeltelijk bij hen wordt weggehouden, een hogere prijs verlangen. Dat leidt dus indirect tot het verlies van koopkracht van die consument, die daardoor minder te besteden en te sparen heeft. Maar de producent die nu op zijn thuismarkt is beschermd voor buitenlandse concurrentie, wordt haast altijd geweerd op de thuismarkt van de concurrent. Dus zijn marktmogelijkheden worden beperkt. Een grote, open en liquide markt, waar producenten en consumenten gemakkelijk hun weg vinden, is dus in het belang van alle partijen.

De vrije en efficiënte markt is nog voor een heel ander mechanisme van belang. In een zich ontwikkelende economie zullen mensen zich in een bepaald beroep steeds verder specialiseren. Vanuit de oorspronkelijke "producerende consument", die zelfverzorgend is, ontstaan gespecialiseerde producenten, die gericht bepaalde diensten aanbieden. De zelfverzorgende boer kan zich bijv. tot smid ontwikkelen. En die kan op de markt alle levensbehoeften inkopen en vindt daar ook zijn eigen klanten. Dit proces ontwikkelt zich steeds verder. De smid wordt garagehouder, en specialiseert zich daarna weer in één merk, of wordt bandenspecialist. Vergelijkbaar daarmee heeft ondertussen de chirurgijn zich tot cardioloog of tandarts ontwikkeld. De ontwikkeling van handel en transport moet daarmee natuurlijk wel gelijke tred houden. De lokale dorpsmarkt ontwikkelt zich uiteindelijk tot een net van wereldwijde handelsverbindingen, ondersteund door moderne telecommunicatie. Dit proces speelt bijna in ieder vakgebied en levert voor de consument steeds betere en goedkopere producten en diensten op. Maar het kan alleen floreren in een ongehinderde vrije markt. En het is nog een reden waarom die vrije markt zo belangrijk is.

5.6 Het belang van prijssignalen

Naast het voorhanden zijn van kapitaal t.b.v. investeringen, is het ook belangrijk dat dit kapitaal vervolgens zo goed mogelijk wordt ingezet. Concreet betekent dit, dat er wordt geïnvesteerd in de juiste sectoren. Ook daarom is een vrije en ongehinderde markt zo belangrijk, omdat daar de juiste prijsvorming van producten en diensten het meest efficiënt kan plaatsvinden. Producten en diensten waar vraag naar is, zullen daardoor duurder zijn en ondernemers en investeerders ertoe brengen juist daar te investeren, waardoor het aanbod wordt verhoogd. De vraag van consumenten wordt zo het best bevredigd en ook investeringen zullen zo het best renderen. Prijssignalen zijn dus zeer belangrijk.

Deze prijssignalen kunnen door een staat echter worden vervormd. Bijv. door, gedreven vanuit ideologische overwegingen, bepaalde vormen van consumptie sterk te belasten en andere vormen van productie of consumptie te subsidiëren, worden prijssignalen vervormd. Denk hierbij bijv. aan de energiepolitiek. Een land of regio zal bij kunstmatig hoge energieprijzen energie intensieve producten niet meer concurrerend kunnen produceren. Producenten zullen uitwijken met het verlies van werkgelegenheid tot gevolg. Maar het investeren in inefficiënte energieproductietechnieken wordt plotseling interessant, wanneer deze gesubsidieerd worden. Het zijn wel investeringen die in de vrije markt nooit zouden hebben plaatsgevonden. De praktijk leert dat ideologische overwegingen door voortschrijdend inzicht en een volgende generatie kiezers meestal weer worden verlaten. Het gevolg is dan wel dat arbeidsplaatsen zijn verdwenen en er op grote schaal verkeerde investeringen zijn gedaan. Er is dus kapitaal vernietigd en er is daardoor minder kapitaal t.b.v. investeringen beschikbaar. En dat meestal in een tijd dat ook de consument al een periode lang minder had kunnen sparen, immers de kunstmatig hoge energieprijzen vormen een extra belasting voor hem.

Ook het op grote schaal toepassen van de opvattingen van Keynes door een staat (het overnemen van consumentenbestedingen, zie ook hoofdstuk *3.2 De producerende consument*), leidt tot verkeerde prijssignalen. Dit, omdat die staat meestal een ander soort uitgave doet dan de consument. Die uitgaven zijn ook hier meestal ideologisch en/of door politieke overwegingen gedreven. Een klassiek voorbeeld is het aanleggen van wegen, waar geen behoefte aan is, iets dat in o.a. Japan de afgelopen jaren op grote schaal heeft plaatsgevonden. Ondernemers zullen zich echter aanpassen aan dit gewijzigde vraagpatroon. Zodra de staat haar uitgavenpatroon terugschroeft, in de verwachting dat de consument het weer "overneemt", blijkt meestal dat die consument een andere consumptiebehoefte heeft, waarvoor de producerende industrie niet optimaal is opgesteld. Overigens, dat "weer overnemen" van de vraag door de consument blijkt in de praktijk meestal niet te werken, omdat de consument door het overheidsingrijpen feitelijk is verarmd en eerder nog spaarzamer zal worden.

De opvattingen van Keynes leiden dus tot kapitaalvernietiging. Dit, omdat spaargeld via belasting of inflatie wordt geconfisceerd tegen de wil van de spaarder in en dus later niet meer beschikbaar is voor de investering in kapitaalgoederen. Het kapitaal dat de staat door confiscatie verkrijgt, wordt vrijwel volledig in de verkeerde sectoren geïnvesteerd, in investeringsprojecten waar feitelijk geen behoefte aan is. Er ontstaat een verkeerde productiestructuur. Dat is het grote bezwaar van het overhevelen van koopkracht van de consument (private sector) naar de staat (collectieve sector).

Een bijzonder prijssignaal wordt gevormd door de prijs van geld t.b.v. investeringen of hypotheken. Wanneer, zoals onder hoofdstuk *3.4 Investeringen, accumulatie van kapitaal of geldcreatie* omschreven, de prijs van het lenen van geld te laag is, leidt dit tot verkeerde investeringen. Zoals een zeepbel in de prijzen van onroerend goed. Dit prijssignaal kan alleen worden vervormd door het monetaire beleid van een overheid, waardoor het mogelijk is dat een centrale bank te goedkoop geld uitleent aan een overheid of aan commerciële banken. De hierdoor gecreëerde boom-bust cyclus kennen westerse economieën sinds de 17e eeuw. De eerste centrale bank ter wereld was de Bank of England, die haar deuren in 1698 opende en ook de eerste boom-bust cyclus in gang zette. Wanneer een overheid zou besluiten, goud als enig wettig betaalmiddel in te voeren (de gouden standaard), zou deze cyclus nooit kunnen optreden. Goud kan niet worden bijgedrukt en de rente zal naar haar zgn. natuurlijke niveau terug keren. Dit is de kapitaalmarktrente die op een werkelijk vrije markt zal ontstaan. Dus een markt waar spaarders in vrijheid kunnen bepalen hoeveel ze eigenlijk willen sparen en ondernemers in vrijheid kunnen bepalen hoeveel ze eigenlijk willen of durven te investeren. "In vrijheid" betekent hier dat hun beslissing niet beïnvloed wordt door overheidsinterventies, zoals belasting- of subsidiemaatregelen en vooral dat centrale banken niet interveniëren op die kapitaalmarkt. Investeringen kunnen en zullen nog steeds worden gedaan, maar meer weloverwogen. Geld en dus ook spaargeld zal echter ook haar waarde niet verliezen en zo zal sparen worden aangemoedigd. De boom-bust cyclus zal uitblijven Overheden verzetten zich echter collectief tegen de gouden standaard, omdat het hen zou dwingen een sluitende begroting te voeren. Niet voor niets noemde Keynes, de kampioen van overheidsfinanciering via monetaire inflatie, goud een barbaars reliek.

5.7 Een vliegende start maken

Productiemiddelen en investeringskapitaal zijn de sleutel tot welvaart. Maar het opbouwen van een geavanceerde productiestructuur heeft het westen enkele eeuwen gekost, totdat het de geavanceerdheid kon bereiken die de huidige welvaart heeft gebracht. Hoe kan nu een land een vliegende start maken en deze lange tijdsperiode overslaan? Dat kan indien het in staat is, productiemiddelen en kapitaal t.b.v. investeringen aan te trekken. Dat zijn de belangrijkste factoren, want de technologie is inmiddels beschikbaar. Wanneer zullen investeerders in een land willen investeren? Wanneer een land, via de stuurmiddelen die een overheid heeft (hoofdstukken 4.2 t/m 4.5), aantrekkelijk is gemaakt. Dat betekent concreet dat een land een stabiele rechtsstaat vormt, een aantrekkelijk belasting klimaat heeft, een degelijk begrotingsbeleid voert en ondernemers v.w.b. regelgeving zo min mogelijk in de weg legt.

De afgelopen 60 jaar zijn zo alle landen in Zuidoost Azië tot een soms zeer aanzienlijk welvaartsniveau gekomen. Altijd met buitenlandse technologie en kapitaal hebben zij hun eigen industrie opgebouwd en daarmee een eigen binnenlandse markt. In Afrika daarentegen zijn deze factoren vrijwel volledig afwezig, met gevolg dat dit continent de afgelopen 60 jaar alleen maar verder achterop is geraakt.

Het beschikbaar stellen van knowhow en kapitaal t.b.v. investeringen is de beste ontwikkelingshulp. Maar die kan alleen gedijen wanneer het land een rechtsstaat vormt en een hardwerkende bevolking daarvoor kiest. Wanneer dat het geval is, blijken landen, wanneer de economische principes uit hoofdstuk 3 de ruimte krijgen, binnen enkele generaties een heel behoorlijk welvaartsniveau te kunnen opbouwen.

Dat dit niet alleen theorie is bewijst Nestlé. Deze Zwitserse multinational is o.a. bekend van haar Nespresso café. Met geavanceerde koffie machines en koffie capsules kan de consument thuis espresso's en latte macchiato's maken, die niets onder doen voor wat in een Italiaanse espresso bar wordt geserveerd. Om een breed assortiment aan hoogwaardige koffie te kunnen aanbieden, is het belangrijk dat Nestlé kan beschikken over betrouwbare toeleveranciers, die hoogwaardige koffie produceren. Daartoe heeft Nestlé een wereldwijd netwerk van 63.000 koffie boeren om zich heen verzameld (stand 2016). Zij doet direct zaken met deze boeren en betaalt ze 30 tot 40% boven de gangbare marktprijs. En passant is Nestlé zo ook de grootste verschaffer van microkrediet ter wereld geworden. Bovendien heeft ze de eerste stappen gezet naar een pensioenfonds voor deze boeren.

Directe ontwikkelingshulp (anders dan noodhulp bij natuurrampen) in de vorm van het schenken van voedsel en goederen werkt juist averechts. Dat leert ook de geschiedenis. Lokale producenten kunnen niet concurreren tegen de gratis ter beschikking gestelde hulpgoederen en stoppen de productie van o.a. voedsel en andere goederen. De productiviteit van een land neemt daardoor af. En de bevolking wordt zo juist meer afhankelijk van buitenlandse voedselhulp en goederen. Bovendien kan er een ontkoppeling ontstaan tussen de landelijke politiek in een dergelijk land en het gevoerde economische beleid. Landen kunnen steeds meer leunen op de buitenlandse hulp, ongeacht of er een goed of een slecht economisch beleid wordt gevoerd. Dat wordt daarmee ook minder een thema in verkiezingen of iets waar kiezers de politici tijdens verkiezingen "op afrekenen". De migratiecrisis die in 2015 begon, geeft nog maar eens aan hoezeer de klassieke ontwikkelingshulp heeft gefaald.

You can chose to ignore reality,
but you cannot ignore the consequences of ignoring reality!

Ayn Rand, *Amerikaanse schrijfster*

6 De Zeitgeist

6.1 Inleiding

Net zo als de rechtspraak haar wortels heeft in de cultuur van een samenleving, hebben politieke en maatschappelijke keuzes hun wortels in de Zeitgeist. Ze komen niet zomaar uit de lucht vallen, maar vloeien in feite voort uit de geest van de tijd. Dus om de huidige politieke en maatschappelijke keuzes te begrijpen, is het goed eerst de Zeitgeist te begrijpen. Die Zeitgeist is vrijwel nooit rationeel gedreven, maar ideologisch of emotioneel. Ook groepsdenken speelt een heel belangrijke rol. Daarom staan veel politieke maatregelen volkomen haaks op wat economisch wenselijk zou zijn.

6.2 Groepsdenken

De Schot Charles McKay schreef in 1841 het boek "Extraordinary Popular Delusions and the Madness of Crowds". Daarin beschreef hij niet alleen het ontstaan van financiële bubbels, zoals de tulpenmanie in Holland. Maar ook ideologisch geïnspireerd massagedrag. Zoals bijv. de heksenjacht of de kruistochten. Hoe dat mogelijk is beschrijft Gustave le Bon 1895 in zijn boek "La Psychologie des Foules", in het Engels uitgegeven als "The Crowd". Individuen nemen bewust of onbewust de mening van de sociale groep(en) over waartoe zij behoren. Ze gaan in een groep vaak een heel andere mening ontwikkelen dan wanneer zij volledig buiten die bewuste sociale groep een oordeel hadden kunnen vormen. Als zij binnen hun sociale groep (collega's, buurtgenoten, vrienden, etc.) hun eigen, zelfstandig ontwikkelde, maar afwijkende mening zouden blijven verkondigen, dan zouden ze uiteindelijk uit de sociale groep worden geëxcommuniceerd. En het omgekeerde principe is natuurlijk ook van toepassing. Mensen die de groepsmening aanhangen en uitdragen, worden door de groep "aardig gevonden" en geaccepteerd. Dat is de beloning. En de meeste mensen blijven toch liever veilig binnen hun sociale groep en passen daarom maar hun mening aan. Mensen blijven kuddedieren. Ze praten elkaar na, zonder dat ze toetsen of de ideeën die ze van elkaar over nemen eigenlijk wel kloppen. Maar daar gaat het helemaal niet om, de discussies dienen er uitsluitend voor om te bevestigen dat iemand zich nog steeds aan de mores van de groep conformeert.

6.3 Maynard Keynes

In het begin van de 20e eeuw vormde Engeland nog steeds het intellectuele centrum in de wereld als het ging om de ontwikkeling van economische theorieën. Dat centrum werd praktisch gevormd door de Cambridge University. De studenten daar kwamen meestal uit de Engelse machtselite. En ze vonden van zichzelf dat ze voorbestemd waren om hun land maar ook de wereld te leiden. Dat was in ieder geval de atmosfeer daar. En zeker in de inner cirkel, een club van "uitverkoren" studenten, een groep waarvoor

Figuur 6.1, John Maynard Keynes (R), samen met Harry Dexter White (L) tijdens de Bretton-Woods Conferentie (1944). Tijdens deze conferentie, werd o.a. de basis gelegd voor het Internationale Monetaire Fonds (IMF) en de Wereldbank. Keynes en White waren daarin de bepalende figuren. Zij deelden de visie van een wereldomspannend socialisme. Op 4 december 1945 informeerde de FBI het Witte Huis (opnieuw) dat Dexter White voor de Russen spioneerde. Dat belette de toenmalige President Truman niet, hem 2 maanden later te nomineren als eerste directeur van het IMF. Hij werd benoemd in mei 1946. White overleed in augustus 1948 aan een hartaanval, kort nadat hij voor een hoorzittingen in het congres had moeten verschijnen. Via Wikimedia Commons, bron: IMF

je alleen gevraagd kon worden en die zich "De Apostelen van Cambridge" noemde. John Maynard Keynes (*figuur 6.1* op de vorige pagina), de latere econoom, kwam niet alleen uit het juiste milieu om naar Cambridge te gaan, maar werd ook "uitverkoren" als apostel 243. Dat uitverkoren gevoel ging samen met een afkeer van de middenklasse, de bourgeoisie. Tegen alles waar de middenklasse voor stond, tegen sparen voor later, tegen alle traditionele normen en waarden en zelfs tegen heteroseksualiteit. Hier ontwikkelde Keynes zijn maatschappelijke opvattingen die hij later combineerde met zijn economische ideeën.

De economische denkbeelden die Keynes vanaf ca. 1920 ontwikkelde, of beter gezegd verzamelde*, gaf hij begin jaren 30 uit in zijn boek *The General Theory of Employment, Interest and Money*. Heel kort samengevat draait hij daar een paar economische principes om. De producerende consument (zie ook hoofdstuk *3.2 De producerende consument*) wordt de consumerende producent. Alles begint bij consumptie zegt Keynes, dat is de vraag waar de economie op draait. En spaargeld (dat volgens Keynes niet hetzelfde is als kapitaal t.b.v. investeringen), "lekt weg" uit de consumptie kringloop. Wanneer consumenten om wat voor reden dan ook minder consumeren, dan moet de staat dat consumeren over nemen. De staat financiert dat met gedrukt geld en zo kan een economie weer worden gestimuleerd. Bovendien heeft het (volgens Keynes) als voordeel dat het inflatie creëert en de kapitaalmarktrente kunstmatig laag houdt. De door hem zo geminachte middenklasse ziet hun spaargeld ontwaarden. En de eveneens

---

* De Amerikaanse publicist Murray N. Rothbard schrijft in zijn boek "Keynes the Man" (opnieuw uitgegeven in 2010): The General Theory of Employment, Interest and Money was not truly revolutionary at all but merely old and oft-refuted mercantilist and inflationist fallacies dressed up in shiny new garb, replete with newly constructed and largely incomprehensible jargon.

geminachte renteniers die van hun spaargeld leven (thans veelal de gepensioneerden via hun pensioenfondsen), zien hun inkomsten terugvallen. Via inflatie wordt spaargeld eigenlijk genationaliseerd. De economische schade die zo juist ontstaat, is uitvoerig toegelicht in hoofdstuk 2 en 3. En dat is ook precies de reden dat na het op brede schaal toepassen van Keynes' theorieën, vooral na de tweede wereldoorlog, de koopkracht van een middenklassengezin in de USA en Europa in ca. 50 jaar gehalveerd is.

Maar het heeft ontegenzeggelijk één effect. Het verschuift macht naar de staat. Dat is ook waar Keynes naar toe wilde. Een staat, die zonder dat zij alle productiemiddelen bezat, toch centraal een economisch planningsproces in handen had en naar eigen goeddunken de economie kon plannen.

Waarom vond "*The General Theory*" snel zoveel bijval? Ook hier is het antwoord "Zeitgeist". Het was de tijd van de grote depressie, die ontstaan was als gevolg van het klappen van de kredietbel van 1929 (zie voor de oorzaak daarvan hoofdstuk *2.5 Hoe centrale banken de kapitaalmarktrente beïnvloeden*). Om die reden werd het in de jaren 30 van de vorige eeuw populair om te experimenteren met communisme, fascisme * en verschillende vormen van socialisme. En die hadden allemaal een vorm van centrale economische planning nodig. Bovendien voelden velen zich geroepen als deel van de machtselite en als dat niet lukte als deel van een zelfverklaarde intellectuele elite, om de economie van een land en op termijn zelfs de wereld, te besturen of te beïnvloeden. Dat gold in het bijzonder ook voor de academische wereld. En de eerste stap naar die kringen was het accepteren van en het identificeren met het "nieuwe denken" in die kringen, "*The General Theory*".

---

* Keynes flirtte in de inleiding van de in 1936 uitgegeven Duitse vertaling van *"The General Theory"* met het Nazi-regime

Dat was de eerste stap naar intellectuele "verlichting". Groepsdenken deed de rest. Zo werden de theorieën van Keynes snel populair, zonder dat de nadelen goed begrepen werden. De meesten zagen het niet, een enkeling wel, maar die kon dat inpassen in politieke doelstellingen, zoals Keynes zelf. Hij wilde vroeg of laat iedereen afhankelijk maken van de staat. En een zelfredzame middenklasse stond dat doel in de weg. Maar die middenklasse lijdt nu juist het meest onder de economische bijeffecten van Keynes economische denkbeelden. Een bijeffect dat Keynes dus goed uit kwam.

6.4 1968

Rond 1968 vond er een maatschappelijke omslag plaats in Amerika en Europa. Luidruchtige babyboomers keerden zich tegen het establishment. Dat establishment was de generatie van hun ouders en vaak hun ouders zelf. Links was goed en rechts was fout. De verzorgingsstaat van de wieg tot het graf. Dit alles geleid door een grote staat. Het waardecreërende bedrijfsleven werd nog wel gedoogd, maar moest zich verder koest houden. Overheden zouden anders de "overwinsten" wel wegbelasten. Eigenlijk werd het bedrijfsleven steeds meer verdacht en dat gold ook voor hen die het een warm hart toe droegen of er carrière wilden maken. Het was tijd voor een maakbare en sociaal rechtvaardige samenleving, dat was de nieuwe religie. En die had natuurlijk een maakbare economie nodig. Gelukkig was de basis daarvoor gelegd door Keynes in de jaren 30. Een grote politiek bevlogen meerderheid, volkomen dronken van deze ideologie, hielp “links” in veel landen tot in het begin van de jaren 80 aan een ruime politieke meerderheid. En daarmee ook de theorieën van Keynes. Het proces verliep overigens ook precies volgens de omschrijvingen van Charles McKay en Gustave le Bon. De linkse "Gutmensch" was geboren.

6.5 "Belangrijk wat je doet" wordt "belangrijk wat je vindt"

In veel milieus werd het tot in de jaren 80 belangrijk gevonden dat iemand carrière maakte. Ofwel, het werd belangrijk gevonden wat iemand deed. Men begreep dat geld eerst verdiend moest worden en dat werd gedaan in de private sector en specifiek in het bedrijfsleven. En iemand die daar een belangrijke bijdrage aan kon leveren, kon altijd op waardering vanuit zijn omgeving rekenen. Daar kwam in de loop van de jaren 90 verandering in. Voorafgaand aan die periode, hadden universiteiten en HBO-opleidingen een enorme hoeveelheid studenten afgeleverd. O.a. omdat steeds meer mensen konden en wilden studeren. Echter, een goed opgeleide academicus of HBO'er, is nog lang niet per definitie succesvol in het bedrijfsleven. Daar zijn andere eigenschappen minstens zo belangrijk, zeker naar mate iemand verder in de buurt van de top komt en echt zware verantwoordelijkheden krijgt toebedeeld. Daarom en mede door het enorme aanbod, hebben veel afgestudeerden helemaal niet de carrière gemaakt die ze voor ogen hadden. Ze zijn eigenlijk de moderne werkbijen geworden. Dat is frustrerend en paste meestal niet in hun zelfbeeld.

In plaats van de realiteit onder ogen te zien of er "een tandje bij te doen", hebben zeer velen de wereld op zijn kop gezet. Zij zelf deugen juist wel, maar het bedrijfsleven niet. En in een dergelijk bedrijfsleven wil een sociaal en maatschappelijk geëngageerd mens ook geen carrière maken. Het is niet een kwestie van gewogen worden en te licht bevonden. Nee, het is "een bewuste keuze". Het is ook veel makkelijker om het bedrijfsleven en alles daarom heen de maat te nemen. Het gaat er natuurlijk niet om wat je doet. Het gaat er juist om wat je vindt! En via sociale media kan die mening tegenwoordig ook makkelijk gedeeld worden. Dat is de nieuwe basis voor eigenwaarde. En carrière maak je, als je de kans krijgt, bij de steeds verder uitdijende overheid, bij een NGO of bij de EU. Daar wordt vorm gegeven aan een sociaal en ecologisch verantwoorde samenleving en weet men wel wat goed is voor de burger. En ook deze overheid kan natuurlijk niet zonder de theorieën van Keynes. Waardecreatie is nog een vaag begrip en inkomsten ontstaan uit belasting. De politiek correcte burger ziet het levenslicht, de Gutmensch versie 2.0.

6.6 Keynes en de gebroken etalageruit

Hoe kan het eigenlijk dat veel mensen zo bevlogen raken van politieke ideeën, terwijl na enig nadenken toch iedereen kan begrijpen dat ze zeer contraproductief zullen uitwerken voor een economie? Naast groepsdenken speelt er nog een mechanisme. Men loopt vaak wel warm voor iets, als men ziet wat een bepaalde maatregel kan bereiken als het om het beoogde doel gaat (ongeacht of dit doel zelf wel wenselijk is), maar ziet niet snel welke ongewenste effecten een dergelijke maatregel ook nog heeft. En die negatieve effecten kunnen vaak verstrekkend zijn. Zo konden de theorieën van Keynes in de afgelopen decennia gemakkelijk aan het brede publiek worden verkocht als "anticyclisch investeren", logisch toch? Alleen de nadelen die daarmee samenhangen, zoals inflatie, te lage rente, onnodige rem op de productiviteit en verkeerde investeringen, werden niet gezien of begrepen.

De Franse 19e eeuwse econoom Frederic Bastiat onderkende dit ook al en ontwikkelde een voorbeeld om dat duidelijk te maken.

Hij noemde dat de denkfout rond de gebroken etalageruit (the broken window fallacy).

> Op een goede dag gooit een kwajongen een steen door de etalageruit van de bakker in het dorp. Er ontstaat aanzienlijke schade. De buurt loopt te hoop maar na een tijdje wordt er gefilosofeerd over de gevolgen van de schade. De conclusie is dat het eigenlijk niet zo erg is, want de glazenier en de schilder hebben weer werk en die geven dat geld daarna ook weer uit. Maar de bakker had anders van zijn geld een nieuw pak gekocht, want dat was hij van plan. Nu heeft hij dat geld niet meer. Dat pak wordt nooit gekocht en nooit gemaakt. Dat ziet het filosoferende publiek over het hoofd. De samenleving is uiteindelijk dus een pak armer.

Als het publiek wel gelijk zou hebben, dan kan de welvaart van een samenleving aanzienlijk worden vergroot door regelmatig overal de ruiten in te slaan. Maar ieder weldenkend mens zal direct begrijpen dat dit slechts kapitaalvernietiging is.

Overigens is dat, figuurlijk gesproken, precies wat Keynes doet. Hij slaat weliswaar de etalageruiten niet in, maar neemt wel steeds bedragen weg bij ondernemers en bij particulieren in de vorm van belasting en vooral via inflatie. Het pak uit het voorbeeld wordt dus toch niet gekocht en niet geproduceerd. En erger nog, er wordt steeds kapitaal weggenomen dat anders productief geïnvesteerd had kunnen worden. Misschien had die bakker uit het voorbeeld wel het plan in een extra oven te investeren, een extra bakker en iemand extra voor in de winkel aan te nemen. Dat alles gebeurt nu niet.

En zou Keynes zelf misschien ook slachtoffer zijn van de denkfout rond de gebroken etalageruit, vooral als het om de negatieve en onbedoelde bijwerking gaat van inflatie? Daartoe laten we Keynes hier het beste zelf aan het woord:

> **Lenin is said to have declared that the best way to destroy the Capitalist System was to debauch** (degenereren, ontwaarden) **the currency. By a continuing process of inflation, governments can confiscate, secretly and unobserved, an important part of the wealth of their citizens.**
>
> **... Lenin was certainly right. There is no subtler, no surer means of overturning the existing basis of society than to debauch the currency. The process engages all the hidden forces of economic law on the side of destruction, and does it in a manner which <u>not one man in a million is able to diagnose</u>.** (onderstreping door mij toegevoegd)
>
> The Economic Consequences of the Peace, 1919

Maynard Keynes wist dus heel goed wat hij deed.

6.7 De weg naar de alles omvattende staat

Overheden en politici hebben de nijging om zich na verloop van tijd met steeds meer aspecten van het leven te bemoeien. Men vond in de jaren 70 in bepaalde kringen, dat er paal en perk gesteld moest worden aan multinationale ondernemingen, omdat men bang was dat die anders totalitaire trekken zouden krijgen en een bedreiging zouden gaan vormen voor de democratie. In een steeds verder uitdijende overheid, zien de meeste mensen geen enkel bezwaar. Het wordt door velen zelfs wenselijk gevonden. En het sluit aan bij het huidige idee dat haast alles met regelgeving kan worden opgelost.

Dat uitbreiden van overheidsinvloed kan het beste gedaan worden via wet- en regelgeving. Maar die kan niet zomaar worden ingevoerd als er geen reden voor is, zo ver is het (nog) niet. Dus moet het publiek daarvoor worden gewonnen. De Amerikaanse auteur en denker H.L. Mencken zei daar al over:

> **"The whole aim of practical politics is to keep the populace alarmed (and hence clamorous to be led to safety) by menacing it with an endless series of hobgoblins, all of them imaginary."**

Het uitbreiden van de macht van de staat zonder dat het brede publiek daardoor gealarmeerd raakt kan feitelijk alleen, wanneer er grote potentiële gevaren voor een samenleving opdoemen die alleen door een heel pakket van overheidsmaatregelen kunnen worden afgewend. Het vergroten van het staatsapparaat is dan slechts een logisch gevolg. De vraag of die gevaren reëel zijn of niet is niet relevant, wat alleen belangrijk is, is dat ze door een meerderheid van de bevolking als reëel worden gezien. En zonodig kunnen die "gevaren" nog stevig worden aangedikt als dat politiek goed uit komt.

Een voorbeeld daarvan is "De oorlog tegen terrorisme". Natuurlijk zijn veiligheidsmaatregelen noodzakelijk en is voorkomen beter dan genezen. Maar geleidelijk aan worden Amerika en Europa omgevormd in een totale "Überwachungsstaat". In Nederland staan vele duizenden camera's op straat. Het volledige e-mail verkeer en het internet-surfgedrag van alle burgers wordt opgeslagen en voor een aantal jaren bewaard. Telefoonverkeer wordt op grote schaal afgeluisterd. Zelfs regeringsleiders worden afgeluisterd, tot aan de Duitse bondskanselier toe. Er worden plannen ontwikkeld om alle auto's in de EU via ingebouwde chips te volgen. Langzaam is iedereen verdacht totdat het tegendeel is bewezen. Het wordt geleidelijk aan de samenleving waar George

Orwell in zijn boek 1984 zo voor gewaarschuwd heeft. En wat is de reactie van de gemiddelde burger? "Maar ik heb toch niets te verbergen." Dat zal best, de gemiddelde Gutmensch zál ook niets te verbergen hebben.

Hoe meer regelgeving hoe minder een economie zich zal ontwikkelen. Uiteindelijk zal de ontwikkeling in een economie omslaan in een structurele achteruitgang. Nog los van de inperking van persoonlijke vrijheid, is dat het grote gevaar. Maar veel mensen, die eigenlijk geen liefhebber zijn van veel regelgeving, zien of begrijpen het niet. Zij zijn eigenlijk de kikker in de bekende kookproef. Daar wordt een kikker in een open pan langzaam gekookt. De kikker kan zo de pan uitspringen als het hem te warm wordt, maar dat doet hij niet. Hij heeft niet in de gaten dat het water in de pan geleidelijk aan naar het kookpunt wordt gebracht omdat het maar zo langzaam gebeurt en hij laat zich vrijwillig koken.

6.8 Klimaatopwarming!?

Het thema dat bij uitstek naar een grote staat voert is: "De strijd tegen de klimaatopwarming". Als die klimaatopwarming echt een proces zou zijn dat door de mens wordt veroorzaakt, dan rechtvaardigt dat natuurlijk haast alle denkbare maatregelen. En die moeten genomen worden door een staat met een krachtig mandaat. Sommige wetenschappers pleiten zelfs voor een vrijwillig afschaffen van de democratie. Dat is dan wel de kortste weg naar de totalitaire staat. Maar als de planeet moet worden gered, heiligt het doel natuurlijk alle middelen. Hoewel dat veel mensen (nog) te ver gaat, zijn ook veel mensen overtuigd van het feit dat de mens in meer of mindere mate de oorzaak is van de klimaatopwarming. Omdat de winters in Amerika en Europa sedert 2008 soms weer aanzienlijk kouder zijn dan gemiddeld, ebt het gevoel van urgentie bij veel mensen wat weg. Maar de regelgevingtrein dendert maar door, zeker bij de EU in Brussel. Veel bureaucraten en politici in Brussel menen zelfs dat de strijd tegen de klimaatopwarming, één van de belangrijkste argumenten is als het gaat om het bestaansrecht van een supranationaal "Brussel". Anders gezegd, als de klimaatopwarming helemaal niet door de mens wordt beïnvloed, maar gewoon een natuurverschijnsel is, valt dat bestaansrecht voor een aanzienlijk deel ook weer weg. Zou het soms kunnen zijn dat "Brussel" daarom zo tamboereert op die klimaatopwarming, meer dan enig ander regeringsorgaan in de wereld?

Veel mensen dragen het milieu een warm hart toe en dat is ook goed en begrijpelijk. Ze denken dan: "Baat het niet dan schaadt het niet." Dat klinkt op het eerste gezicht sympathiek, maar is dat eigenlijk wel zo. De regelgeving die de uitstoot van CO2, het gas dat verantwoordelijk wordt gehouden voor de klimaatopwarming, moet beperken, vormt een zeer ernstige rem op de economie. CO2-neutrale energie is veel duurder dan energie uit fossiele brandstof. En de levering is veel minder betrouwbaar. Het gaat gepaard met hoge investeringen. En die moeten door een economie worden opgebracht, ongeacht de subsidiemodellen die er voor worden bedacht. Daardoor wordt energie veel duurder. In Duitsland is daarvoor al een nieuw begrip geïntroduceerd, "Energiearmoede". Dat is wanneer burgers meer dan 10% van hun inkomsten aan energie moeten uitgeven en daardoor over de armoedegrens worden gedrukt. Bovendien worden huiseigenaren steeds meer gedwongen om hun huizen te isoleren. Daardoor zullen particuliere huizenbezitters minder aan andere zaken kunnen uitgeven en zullen huurders voor de kosten gaan opdraaien, uiteindelijk met hetzelfde effect.

Landen, waar industriële productie plaats vindt met dure CO2-neutrale energie, zijn daardoor niet meer concurrerend t.o.v. landen waar dat met goedkope energie gebeurd. China zet bijv. in op de grootschalige toepassing van kernenergie, waarbij de modernste technologie wordt gebruikt. Hiermee zijn intrinsiek veilige reactoren te bouwen, die nog maar 1% afval produceren t.o.v. oude reactoren. China beschikt straks over betaalbare energie in overvloed. Kernenergie is overigens ook CO2-neutraal, maar daar willen veel landen na het ongeluk in Fukushima niet meer aan. Hoewel hier ook geleidelijk aan al weer een omdenken plaats vindt. Bijv. in Engeland, dat overigens zelf niet meer over kennis beschikt om moderne reactoren te bouwen, of Frankrijk, dat nooit van grootschalige toepassing van kernenergie is afgestapt.

Een veel gehoord argument is altijd dat duurzame CO2-neutrale energie voor nieuwe werkgelegenheid zorgt. Dat argument is natuurlijk onjuist. Er is sprake van een herverdeling van werkgelegenheid. Er kunnen nieuwe banen ontstaan in de "duurzame sector" van de energie branche, in andere sectoren van deze branche zullen ze verdwijnen. En omdat de consument niet meer te besteden heeft, zal hij, indien de CO2-neutrale energie duurder is, op andere dingen moeten gaan bezuinigen. Dat kost dus ook werkgelegenheid. Het is een ander voorbeeld van de denkfout rond de gebroken etalageruit (zie hoofdstuk *6.6 Keynes en de gebroken etalage ruit*).

Inmiddels wordt er ook onderhandeld over de schadevergoeding die de geïndustrialiseerde landen moeten gaan betalen aan de ontwikkelingslanden, in verband met de vermeende schade die zij hebben veroorzaakt aan het klimaat door hun CO2-uitstoot. Bureaucraten en ongekozen Eurocommissarissen onderhandelen namens de EU-burgers mee. Aan die onderhandelingen wordt weinig ruchtbaarheid gegeven, maar er wordt gedacht aan een jaarlijkse schade vergoeding van ca. 100 miljard Dollar vanaf 2020.

Als CO2 daadwerkelijk verantwoordelijk is voor de klimaatopwarming, neemt het de negatieve invloed van die maatregelen op de economie niet weg, maar zijn ze te verdedigen. Maar als dat nu eens niet zo is? Dan zijn en worden er honderden miljarden Dollars wereldwijd verkeerd geïnvesteerd, deels in een technologie waar niemand op zit te wachten. En iedere ondernemer weet dat verkeerd geïnvesteerd kapitaal nooit meer terug komt. Dat is dan geen globale opwarming, dat is globale kapitaalvernietiging. Het is dus op zijn minst belangrijk om goed naar de voor- en tegenargumenten te kijken, als het gaat om de vraag of klimaatopwarming door de mens wordt veroorzaakt. Net zoals in het bedrijfsleven altijd gedaan wordt als er grote investeringsprojecten aan de orde zijn. Zeker als er een veelvoud van 100 miljard Dollar wordt geïnvesteerd.

Het belangrijkste argument voor de theorie dat de klimaatopwarming door de mens wordt veroorzaakt, is de snelle opwarming van het klimaat, die samenvalt met een sterke stijging van CO2 in de atmosfeer. En aangezien CO2 voor een deel door het verbranden van fossiele brandstof in de atmosfeer komt, wordt die samenhang als bewijs gezien dat de klimaatopwarming door de mens wordt veroorzaakt. Overigens zonder dat het oorzakelijke verband ooit is aangetoond. Bovendien, zo wordt gesteld, is er geen andere verklaring voor de opwarming van het klimaat te geven. In *figuur 6.2* op de volgende pagina is te zien dat sedert de laatste eeuwwisseling de temperatuur rond de aarde stabiliseert. En dit in tegenstelling tot modellen van het IPCC (International Panel on Climate Change), daar werd van een aanzienlijke stijging uit gegaan. De hoeveelheid CO2 neemt echter onveranderd toe. Geen correlatie meer. Bovendien is er wel degelijk een heel goede verklaring voor de opwarming en de afkoeling van de aarde, het is een kwestie van in een andere richting zoeken. Het belangrijkste tegenargument stelt namelijk dat de zon de

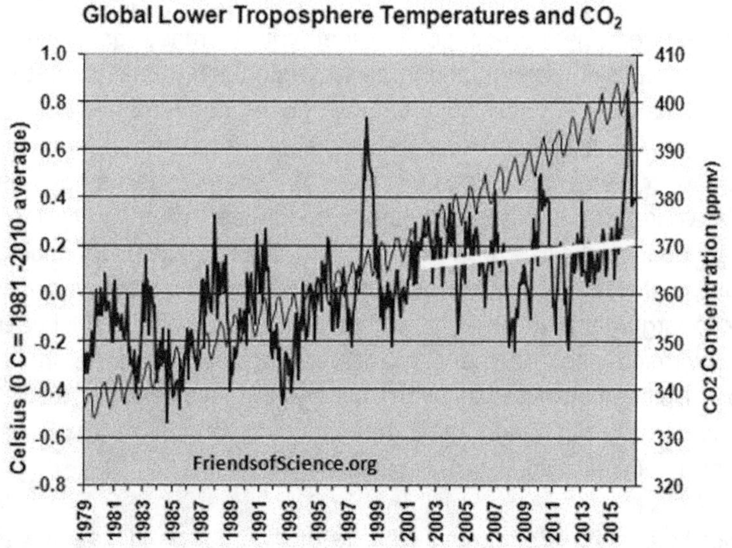

Figuur 6.2, de grafiek toont de temperatuurveranderingen in de lagere troposfeer. De dikke wite lijn is de lijn die "het best past" in de temperatuur grafiek van januari 2002 tot augustus 2016. De lijn laat een trend zien van een temperatuurstijging van 0,07 graden Celsius per 10 jaar (toevoeging auteur: veel minder dan de voorspellingen van organisaties als o.a. het IPCC, die stijgingen tussen 0,2 en 0,8 graden voorzagen). De scherpe temperatuurstijgingen van 1998, 2010 en 2016 worden veroorzaakt door het El Niño verschijnsel (toevoeging auteur: wordt ca. een jaar later weer gevolgd wordt door het omgekeerde effect, La Niña, er ontstaat gemiddeld gesproken geen aardopwarming door). De zonneactiviteit en het daarmee gepaard gaande magnetische veld rond de zon en de aarde, namen gedurende het grootste deel van de twintigste eeuw toe. De piek werd bereikt in 1992. Sedert dien is de zon "rustig geworden", waardoor er een trend verandering in de oppervlakte temperatuur van de aarde is ontstaan. Deze trendverandering van de temperatuur wordt door de warmtecapaciteit van de oceanen met ongeveer 10 jaar vertraagd. De "zaagtand" lijn toont de CO2 concentratie in de atmosfeer.

bron: https://friendsofscience.org/, zie voor meer details hoofdstuk 9.2 belangrijkste oorzaak is van klimaatopwarming. De zon kent cycli van zonnevlekken. Zonnevlekken zijn simpel gezegd kernexplosies op de zon. Ze beïnvloeden, door het sterkere magnetische veld dat daardoor om de zon ontstaat, de wolkvorming op aarde. En die is sterk bepalend voor opwarming of afkoeling van de aarde. Wolken worden gevormd door waterdruppeltjes en die druppeltjes condenseren rond een condensatiekern. Kosmisch stof in de hogere atmosfeer vormt die kristallisatiekernen. Als het magnetisch veld rond de zon sterker is, wordt de aarde meer voor dat stof afgeschermd, dus worden minder wolken gevormd. Bovendien "brand" de zon ook feller als er zich veel zonnevlekken voor doen.

Met deze cycli van zonnevlekken is de timing van klimaatopwarming maar ook van klimaatafkoeling nauwkeurig te verklaren. Bijv. de koudere winters op het noordelijk halfrond tussen 2008 en 2013 werden door enkele wetenschappers al ruim van te voren voorspeld. Afkoeling die overigens plaats vond, terwijl de hoeveelheid CO2 in de dampkring onveranderd bleef stijgen (zie *figuur 6.2*).

Ook eerdere warme perioden die op de aarde voorkwamen, zijn op deze wijze goed te verklaren. *Figuur 6.3* op het volgende blad laat het verband tussen de temperatuur op aarde en de zonneactiviteiten duidelijk zien.

Er is nog veel te vertellen over het onderzoek rond klimaatopwarming. Over de eenzijdige berichtgeving in de media. Over hoe onderzoeksresultaten met subsidie en budgetverlening gestuurd worden. Over de dubieuze kwaliteit van het wetenschappelijke onderzoek. Over "groupthink" bij wetenschappers. Over de politieke en financiële belangen. Het houdt eigenlijk niet op. Maar dat zou te ver voeren.

Wat hier vooral aan de lezer wordt gevraagd is om zich goed te oriënteren en zich niet mee te laten sleuren in de emotionele discussie rond klimaatopwarming.

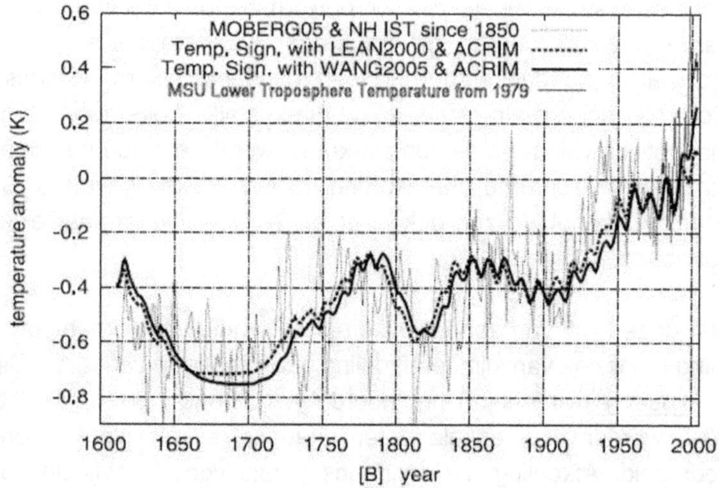

Figuur 6.3, the graph shows a correlation between the solar irradiance and the Northern Hemisphere temperatures since 1600. The temperatures to 1850 were derived from proxy records. The temperature curve is from surface temperature record from 1850 to 1980, and from satellite lower troposphere record from 1980. The surface temperature record is contaminated by the effects of urban development. Black soot aerosols have contributed to a portion of the recent warming. Two solar irradiance proxy reconstructions are shown.

Note the low solar activity periods occurring during the Maunder Minimum (1645–1715, the Little Ice Age) and during the Dalton Minimum (1795–1825).

The graph shows that changes in solar activity are the primary cause of climate change *bron: https://friendsofscience.org/*

Achter in dit boek worden een aantal websites gegeven, waar op een zakelijke wijze informatie wordt verschaft en een ander en gedifferentieerd beeld wordt gegeven van alles dat rond het thema klimaatopwarming speelt. Iemand die meer wil weten kan daar gaan kijken.

Een bedrijf, dat verkeerde beslissingen neemt over investeringsprojecten die op tellen tot een veelvoud van 100 miljard Dollar, zou het niet lang vol houden. Het zal failliet gaan. Dat geld natuurlijk ook voor overheden en uiteindelijk een hele samenleving. Naar mening van deze auteur is er geen goede "businesscase" te maken als het gaat om de investeringen die gemoeid zijn met de maatregelen tegen CO2uitstoot. Want het gaat over de vraag in hoeverre het klimaat eigenlijk wel door de hoeveelheid CO2, al of niet door de mens in de atmosfeer gebracht, wordt beïnvloed. En als deze businesscase, waar het om astronomische bedragen gaat, niet solide is, kan de vraag worden gesteld of het wel om het klimaat gaat of dat er feitelijk iets anders speelt?

Wie kan deze vraag beter beantwoorden dan Christiana Figueres, tussen 2010 en 2016 de Executive Secretary van het UNFCCC (United Nations Framework Convention on Climate Change), de hoogste "klimaat baas" binnen de Verenigde Naties. Tijdens een persconferentie*, gehouden op 3 februari 2015 in Brussel met als thema hoe klimaatverandering te bestrijden is, stelde zij:

> **"This is the first time in the history of mankind that we are setting ourselves the task of intentionally, within a defined period of time to change the economic development model that has been reigning for at least 150 years, since the industrial revolution.**

---

* Voor de volledige tekst zie http://www.unric.org/en/latest-un-buzz/29623-figueres-first-time-the-world-economy-is-transformed-intentionally?

Ook sommige andere politici hebben zich in het verleden in gelijke zin uitgelaten.

Figuur 6.4, Christiana Figueres tijdens de persconferentie op 3 feb. 2015 Foto: UNRIC (United Nations Regional Information Centre West Europe)

Kennelijk gaat het niet zozeer om het voorkomen van een ecologische ramp, maar om het afschaffen van het economische systeem dat in de westerse wereld functioneert sedert de industriële revolutie. En dat is, zoals bekend, de (min of meer) vrije markt. En wat de gevolgen van dat "afschaffen" zullen zijn, daarover gaat dit boek. Maar het maakt wel veel zaken weer logisch verklaarbaar. Zoals het ompompen van geld van de ontwikkelde economieën naar de zich ontwikkelende economieën. De verregaande pogingen van overheden, zich toenemend met alle aspecten van de economie te bemoeien en zelfs met onze persoonlijke vrijheid en levensstijl. Het verklaart ook waarom er nooit eens serieus wordt gekeken naar de argumenten van al degenen, die op basis van goede argumenten twijfelen aan het feit of CO2 wel van invloed is op de klimaatopwarming. Want daar gaat het dus kennelijk niet om. Waar het wel om gaat is dat de vrije markt, of beter gezegd het kapitalisme, wordt afgeschaft. En wel zo snel mogelijk.

Staten hebben geen vrienden,
ze hebben alleen belangen

I have always found the word 'Europe' on the lips of those who wanted something from others, which they dared not demand in their own names!

Otto Graf von Bismarck, *Duits staatsman*

7 Praktijkcasus, de EU en de Euro

7.1 Korte toelichting bij dit hoofdstuk

Dit hoofdstuk beslaat grofweg de periode tussen 1995 en 2015 en zwaartepunt ligt tussen 2009 en 2013. Het is de bedoeling om hierin vooral de Eurocrisis te omschrijven. De aanloop er naar toe, hoe en waarom die crisis eigenlijk uitbrak en het (politieke) onvermogen om de crisis op te lossen op een wijze die economisch gezien weer "een nieuwe start" zou hebben betekend. De Eurocrisis vormt echter een mooie praktijkcasus, waarmee de economische principes en de politieke keuzes die in de vorige hoofdstukken beschreven zijn, geïllustreerd kunnen worden.

Er zal de komende jaren waarschijnlijk nog veel geschiedenis worden geschreven, als het gaat om de Eurocrisis en de EU. Toch is dit hoofdstuk als "afgesloten" te beschouwen als het gaat om het doel waarvoor het geschreven is.

7.2 Van een goed idee naar een slecht idee

De EU is ooit begonnen als idee voor een vrije binnenmarkt tussen de soevereine lidstaten. Dat idee is goed en het grote belang van een vrije markt is toegelicht onder hoofdstuk *5.5 De vrije markt*. Simpel gezegd, vrij handelsverkeer leidt tot welvaart en vrede.

Maar dat was niet genoeg. Politici vonden dat de vrede in Europa op de lange termijn alleen kan worden gegarandeerd, wanneer Europa niet een confederatie van vrije soevereine lidstaten blijft, maar een politieke unie. En natuurlijk zien die politici daarin voor zichzelf een belangrijke rol weggelegd, ze voelen zich uitverkoren om Europa op die manier de 21e eeuw in te leiden. Die politieke unie is een verkeerd idee en zal Europa juist veel verder af brengen van de eenheid en stabiliteit die ze zo zeer nastreven.

Om te beginnen is Europa geen culturele eenheidsworst. Wat verstandig en geaccepteerd is in Zweden, functioneert nog niet in Spanje. Het Nederlandse poldermodel staat haaks op de Franse cultuur. Een Duitser zal vaak zijn hoofd schudden als hij kijkt naar de politiek en de economie in Italië. Maar dat geeft niet zolang deze landen soevereine landen blijven en uitsluitend vrijhandelsverkeer met elkaar hebben. Bovendien hebben de soms grote verschillen tussen landen vaak goede redenen, die terug te voeren zijn op verschillen in geografie, klimaat, de beschikbaarheid van natuurlijke hulpbronnen, etc. Die verscheidenheid is op zich goed en zelfs een bron van rijkdom. Economische diversiteit, gecombineerd met persoonlijke vrijheid, zal altijd weer nieuwe oplossingen brengen voor de steeds wijzigende vraag van de markt en de samenleving.

Het wordt pas een probleem als besluiten in bijv. Italië Nederlanders direct in hun portemonnee, hun pensioensysteem of hun manier van leven gaan raken. Dan zal er heel snel weerstand gaan ontstaan en gaan de verschillende Europese landen zich snel tegen elkaar af zetten. De vooroordelen, die altijd op de loer liggen schieten dan weer als paddenstoelen uit de grond. De luie Grieken, de corrupte Italianen, de arrogante Fransen, de autoritaire Duitsers, de gierige Nederlanders, de domme Belgen, noem ze maar op. En in het verleden, hebben die vooroordelen, wanneer ze maar genoeg gecultiveerd en aangewakkerd worden, steeds weer tot oorlogen geleid. Maar zover hoeft het natuurlijk helemaal niet te komen, al is het alleen maar omdat geen zinnig mens in Europa de handelsbelangen, de welvaart en de huidige stabiliteit op het spel zal gaan zetten. Tenzij men natuurlijk van Europa een politieke federatie wil maken en de huidige natiestaten wil afschaffen. En dit tegen de wil van een toenemende meerderheid van de bevolking in veel landen.

De voorstanders hiervan zien dit haast als een heilige opdracht om, inderdaad ja, vrede en veiligheid te garanderen. Dat klinkt echter niet logisch en doordacht. Want dan zal Europa ontaarden in een centraal geleide eenheidsworst. Maatregelen die centraal genomen worden zullen dan per definitie suboptimaal zijn voor bepaalde regio's, omdat die regio's onderling zo verschillen. Het zal ten koste van de welvaart gaan. Bovendien hebben die regio's vaak heel verschillende opvattingen over hoe een land moet worden bestuurd. Als soevereine staat kunnen ze daar vorm aan geven, als "EU-provincie" steeds minder. De federale EU wordt een gedwongen huwelijk op basis van ideologische overwegingen. En gedwongen huwelijken houden op de duur geen stand. In plaats van buren die in vrijheid en harmonie naast elkaar kunnen leven, zijn het nu echtgenoten in een gedwongen huwelijk die elkaar de tent uit vechten. De voorstanders van een federaal Europa bereiken slechts het omgekeerde van wat ze willen.

Dat leert ook de geschiedenis. De voorstanders van Europa als politieke federatie kijken graag naar de USA. Aan de vorming van de huidige Verenigde Staten van Amerika ging echter een bittere burgeroorlog vooraf. De afloop was een dubbeltje op zijn kant en de strijd ging gepaard met het vergieten van veel bloed en met enorme materiele verliezen. Het was een pure machtstrijd en ging, net als nu in Europa, om de vraag of Amerika een centraal geleide federale staat moest worden, het "noordelijke standpunt", of juist niet. Het ging, zeker in eerste instantie, helmaal niet om het afschaffen van de slavernij. De lidtekens van de burgeroorlog zijn tot op vandaag de dag nog niet genezen. De zuidelijke staten, hoewel militair overwonnen, voelen zich nog steeds achter gesteld. De USA is er dus eigenlijk juist het voorbeeld van, dat een Europese politieke federatie ongewenst is en niet zal werken. Het is een politiek model waar geen burger om heeft gevraagd.

In veel landen zijn politici met de voorbereiding van de stap naar die Europese politieke federatie al verder gegaan dan veel mensen zich realiseren. En waarschijnlijk ook veel verder dan veel van hun kiezers willen. In 2013 is Koning Willem-Alexander ingezworen als nieuwe koning van Nederland. Hij deed dit op de Nederlandse grondwet. Maar die grondwet is in 1982 al min of meer buiten werking gesteld. Dat is gedaan via de "Motie Brinckhorst", ingediend door D66 politicus Laurens-Jan Brinckhorst. Deze stelt kort gezegd, dat EU-recht voor de Nederlandse grondwet gaat. Koning Willem-Alexander, die toch vooral inhoud geeft aan een ceremonieel koningschap, zweert trouw op een ceremoniële grondwet. Het maakt niet veel meer uit.

Toch lijkt er nu een beweging tegen dit proces van federalisering op gang te komen. Het meest duidelijke teken daarvan is de BREXIT. In een referendum, gehouden op 23 juni 2016, koos het Britse volk met 52% van de stemmen voor een uittreden uit de

EU. En het zal hier niet bij blijven. De komende jaren zullen verkiezingen en referenda in veel Europese landen waarschijnlijk sterk gedomineerd worden door thema's die direct of indirect samenhangen met de federalisering van Europa. De tijd dat referenda, zoals het in 2005 in Frankrijk en Nederland gehouden referendum over de Europese "grondwet", gewoon ter zijde kunnen worden geschoven, is waarschijnlijk definitief voorbij.

7.3 De Euro

De laatste stap in de ontwikkeling naar een Europa als politieke unie, is de introductie van de Euro geweest. En het zal waarschijnlijk ook de laatste stap blijven, want de Euro is onhoudbaar. Landen met verschillende concurrentiekracht kunnen in theorie wel in één muntunie zitten, maar dat voert in de praktijk tot steeds verder toenemende welvaartverschillen. Die zullen niet geaccepteerd worden door de minder concurrerende economieën. Het alternatief is dat ze voortdurend gesubsidieerd worden door de welvarender economieën. Dat is misschien wel de droom van sociaaldemocraten en socialisten, een pan-Europees transfermechanisme van welvaart, maar zal in die rijkere landen op grote weerstand gaan stuiten, vooral als die verschillen direct samenhangen met politieke keuzes. Denk bijv. aan een pensioenleeftijd in Nederland van 67 en in Italië van 57.

Wanneer landen in één muntunie zijn, zoals de Eurozone en er bovendien vrije grenzen zijn, dan zullen de prijzen van goederen, binnen die muntunie naar hetzelfde prijsniveau tenderen. Dit geldt bijv. voor voedingsmiddelen, duurzame consumptie goederen en kapitaalgoederen voor de industrie. Tomaten zijn in Nederland haast net zo duur als in Italië. Want wanneer ze in Italië goedkoper zijn loont het voor importeurs snel om een paar vrachtwagenladingen naar Nederland te halen. In Italië ontstaat dan meer vraag naar tomaten en de prijs stijgt, in Nederland komt meer aanbod van tomaten en de prijs daalt. Omdat de grenzen open zijn en er geen valutarisico meer is in de Eurozone, zal zoiets snel plaats vinden. En dit geldt eigenlijk voor haast alle goederen en diensten. Alleen grote belastingverschillen kunnen dan maken dat sommige goederen per land in prijs nog verschillen. Denk bijv. aan auto's of de prijs van benzine. Dat dit in de praktijk ook zo is, is goed te zien aan landen die zich aansluiten bij de EU en vooral wanneer ze de Euro als betaalmiddel overnemen. Prijsverschillen zijn binnen een paar jaar verdwenen.

Voor de lonen van werknemers is een heel ander mechanisme aan de orde. Wanneer bijv. in Duitsland per werknemer 4 auto's per dag worden geproduceerd en in Italië 3, dan kan die Italiaanse werknemer ook maar 3/4 van het loon van zijn Duitse collega verdienen. Wanneer dat loon gelijk zou zijn, worden Italiaanse auto's te duur en zullen haast niet meer verkocht worden. De Italiaanse werknemer kan alleen loonsverhoging krijgen wanneer hij meer auto's per dag produceert, dus wanneer hij productiever wordt. De kosten van levensonderhoud zijn voor beiden echter hetzelfde. Daarom heeft de Duitse werknemer veel meer te besteden dan de Italiaanse.

Wanneer het verschil in productiviteit statisch zou zijn, blijft het koopkracht verschil ook statisch. Maar vooral productieve landen hebben de tendens om steeds efficiënter te produceren en steeds betere producten te maken. Dat komt o.a. omdat investeerders zoals o.a. verzekeringsbedrijven en pensioenfondsen, hun geld graag investeren in degelijke landen en hun industrieën. Want daar is het beste rendement te verwachten. In de praktijk blijken dat ook de landen te zijn met de hoogste arbeidsmoraal. En het is altijd weer hetzelfde lijstje. Sommige Scandinavische landen, Duitsland, Nederland, Zwitserland en Oostenrijk. Als de verschillen in productiviteit groter worden, moeten de lonen in de minder productieve landen steeds verder naar beneden, terwijl de kosten van levensonderhoud niet dalen. Sommige economen zullen beweren dat de lonen juist in de productievere landen moeten stijgen, maar daar zijn grenzen aan. Europa is geen eiland en heeft met wereldwijde concurrentie te maken, vooral uit Azië. Wereldwijd concurreert de Duitse auto-industrie met de Amerikaanse, de Japanse en de Koreaanse industrie. En dat zijn geduchte concurrenten als het gaat om kwaliteit en prijs. Bovendien zullen, indien de lonen in sommige Europese landen stijgen, de kosten van levensonderhoud tendentiëel in de hele Eurozone stijgen, want de hogere lonen hebben een prijsopdrijvend effect. Dat komt voor de Italiaanse werknemer in dit voorbeeld, uiteindelijk op hetzelfde neer.

Toen Italië nog geen deel uitmaakte van de Eurogroep, maar nog de Lire als munt had, speelde dit probleem niet. Italië is altijd een land geweest van hoge monetaire inflatie. De kiezers stemden op de politici de ze het meest beloofden. De financiering van die beloftes vond plaats met de drukpers en het drukken van dat geld leidde tot die hoge inflatie. Geen klimaat dat uitnodigt om te sparen. Spaargeld werd traditioneel in het eigen huis geïnvesteerd. Dat is waarschijnlijk ook een van de redenen van de traditioneel lage productiviteit van de Italiaanse industrie. Er was weinig kapitaal beschikbaar t.b.v. investeringen. En het leidde vaak weer tot looneisen van werknemers. Maar het gevaar daarvan was dat de Italiaanse producten zoals auto's, te duur werden voor de export. Maar geen nood. De Lire werd gedevalueerd tegenover de buitenlandse valuta. De producten waren in één klap weer concurrerend qua prijs. De producten die Italianen moesten importeren, zoals olie maar ook alle andere buitenlandse goederen, werden wel duurder, dus kocht men zoveel mogelijk bij de eigen producenten van goederen en diensten in. Dat steunde de Italiaanse economie verder. Ten slotte kwamen ook buitenlandse toeristen graag op vakantie in een heerlijk warm land met heel schappelijke prijzen. Dat hielp de economie er nog verder boven op. Het was de Italiaanse manier van zaken doen. Misschien niet de Duitse of de Nederlandse stijl, maar het was de soevereine keuze van de Italianen. Dat proces van devaluatie kan alleen plaatsvinden met een eigen munt. In Italië vond het regelmatig plaats en het werkte tot ieders tevredenheid. En het is zo gegaan totdat de Euro werd ingevoerd. En dat in naam van politieke, financiële en sociale stabiliteit. Maar het is niet moeilijk in te zien dat in Italië zo slechts het omgekeerde wordt bereikt.

7.4 Het ontstaan van de Eurocrisis

De Eurocrisis is in feite ontstaan door de uit de hand gelopen staatsschulden van Portugal, Ierland, Italië, Griekenland en Spanje. Door de financiële wereld kortweg de PIIGS genoemd. Maar het gaat niet alleen om de directe problemen in die landen, maar ook hoe de politiek in Brussel met die problemen omgaat. Zie daartoe ook hoofdstuk *7.6 De EU oplossing voor de Eurocrisis*.

Hoe zijn die hoge staatsschulden eigenlijk ontstaan? Ierland is hier eigenlijk een vreemde eend in de bijt, want daar heeft de staat de veel te grote bankensector onder de arm moeten nemen in 2008. Maar de zuidelijke Eurolanden hebben allemaal hetzelfde probleem. Een staat die veel meer uitgeeft dan ze aan inkomsten krijgt. Altijd door een veel te grote collectieve sector. Politici die graag herkozen willen worden, o.a. omdat het beroep van politicus heel lucratief is, geven snel toe aan eisen van de kiezers. Dat leidt tot allerlei subsidies en vaak vorstelijke arbeidsvoorwaarden voor het overheidspersoneel. Ambtenaren die met 57 jaar gepensioneerd worden en veel te veel verdienden. Zeker in relatie tot de toegevoegde waarde die ze leveren.

Een ander probleem is de lage economische productiviteit. Dat is ook een belangrijk gegeven, het vertegenwoordigt eigenlijk de "verdiencapaciteit" van een land en daarmee ook het vermogen leningen wel of niet terug te betalen. De zuidelijke Eurolanden zijn matig tot slecht productief (Italië is nog de beste van de club), dus de terugbetaalcapaciteit is navenant. Dat levert samen het beeld op van landen die een (onverantwoord) hoge staatsschuld hebben en daarnaast nauwelijks of niet de economische capaciteit hebben deze schuld terug te betalen.

Op zich is dit alles geen "hogere wiskunde", iedere econoom zou dit moeten weten. Maar toch zijn banken en pensioenfondsen massief in de staatsleningen van de zuidelijke Eurolanden gestapt. Maar waarom eigenlijk? Om te beginnen is het valutarisico door de komst van de Euro weggevallen. In de situatie van voor de Euro konden wisselkoersen t.o.v. elkaar devalueren. De zwakkere economieën devalueerden steeds t.o.v. de sterkste volgens het mechanisme zoals onder hoofdstuk *7.3 De Euro* is beschreven. Landen met zwakkere valuta konden wel lenen op de internationale kapitaalmarkt, maar ze betaalden een veel hogere rente. De kapitaalmarkt wilde het risico van een eventuele devaluatie gecompenseerd zien en dat gebeurde via een hogere rente op een lening aan die landen (zie ook hoofdstuk *2.4 De kapitaalmarkt en de kapitaalmarktrente*). Zo is in *figuur 7.1* op het volgende blad te zien dat de rente op Griekse staatsleningen in 1993 bijv. 24% bedroeg en op Italiaanse staatsleningen 13%. Er werd door die landen dus wel op de internationale kapitaalmarkten geleend, maar met mate, want er moest een relatief hoge rente worden betaald. Maar door de komst van de Euro is dit devaluatierisico verdwenen en daarmee ook de opslag in de rente. In die zelfde *figuur 7.1* is te zien dat, toen die landen eenmaal lid waren geworden van de Eurogroep, de rente op staatsleningen van deze landen in 2002 gedaald was naar ca. 5%. Lenen werd voor deze staten (en kredietwaardig geachte debiteuren in die landen) 2,5 tot 5 maal goedkoper. Dat is een aanzienlijk verschil met grote gevolgen. Deze landen konden nu dus ook 2,5 tot 5 maal meer lenen voor dezelfde rentelasten en dat deden ze ook.

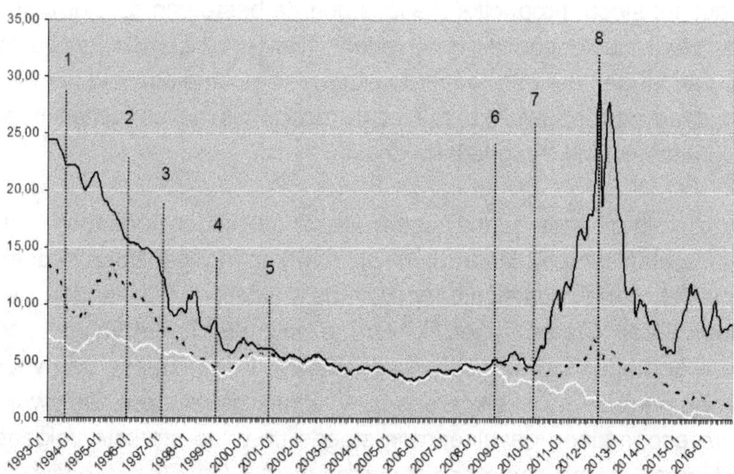

De rente op staatsleningen met een looptijd van 10 jaar, van 1993 t/m kw3 2016.
Duitsland (wit lijn), Italië (stippellijn) en Griekenland (zwarte lijn)

1 Het op 7 februari 1992 getekende verdrag van Maastricht treedt in werking
2 De landen (11) die mee doen aan het Eurosysteem worden geselecteerd
3 De Europese Commissie annonceert de invoering van de Euro in 2002
4 Introductie van de Euro in girale vorm (beschikbaar voor bank transacties)
5 Introductie van de Euro als algemeen betaalmiddel
6 Start van de krediet crisis
7 Start van de Eurocrisis
8 De ECB kondigt aan, zonodig op ongekende schaal staatsobligaties te kopen

Figuur 7.1, rente op lang lopende staatsleningen in de Eurozone
Grafiek Bert Wenkenbach, bron ECB

Naast het mechanisme van het verdwenen valutarisico speelde er nog iets anders. Commerciële banken en pensioenfondsen voelden zich genoodzaakt steeds risicovoller te beleggen. Het was voor hen anders onmogelijk nog enig rendement te halen in de jaren 2003-2007. Dat kwam omdat de rente kunstmatig laag werd gehouden door de ECB (zie hoofdstuk *2.5 Hoe centrale banken de kapitaalmarktrente beïnvloeden*). De ECB deed dit door de rente waartegen banken bij de ECB konden lenen, de zgn. ECB refi-rate (herfinancieringsrente), laag te houden. En de reden was dat Eurolanden, Duitsland en Frankrijk voorop, goedkoop hun staatsschuld konden blijven financieren. Bovendien waren veel Europese landen rond 2002 in een recessie geraakt. En men wilde met goedkoop krediet, dat door commerciële banken kon worden verstrekt, de economie weer aanslingeren. Commerciële banken konden voor kredietverstrekking aan hun klanten haast ongebreideld lenen bij de ECB. En omdat er zo veel aanbod van geld was t.o.v. de vraag vanuit de kapitaalmarkt, was de kapitaalmarkt rente daardoor ook laag. Anders gezegd de prijs voor het lenen van geld was (te) laag. En het vormde ook het mechanisme achter de bubbel in de prijzen van Europees onroerend goed. De bubbel die in 2007 klapte.

Maar commerciële banken en zeker pensioenfondsen zijn voor hun rendement afhankelijk van de kapitaalmarktrente. Hoe lager die rente, hoe lager hun rendement en dus hoe lastiger het bijv. is om pensioenen in stand te houden. De enige manier voor commerciële banken en pensioenfondsen om meer rente op (staats)obligaties te krijgen, was om meer risicovolle leningen te kopen, omdat die meer rente-inkomsten opleverden. Immers, een hoger risico wordt altijd door de markt verdisconteerd in een hogere rente die de debiteur moet betalen. En staatsleningen aan zuidelijke Eurolanden werden door de markt als risicovoller gezien. Dus doken veel investeerders in die markten, op jacht naar rendement. Naarmate de risicobereidheid van commerciële banken en pensioenfondsen toenam, stroomde er meer geld naar die landen. En commerciële banken konden dat geld zelf onbeperkt lenen bij de ECB, dus aan de aanbodkant was er toch geld genoeg. Eigenlijk meer dan de vraagkant nodig had. Daardoor daalde de rente op staatsleningen van de zuidelijke Eurolanden tot niveaus die dicht bij de Duitse kapitaalmarktrente lag (zie *figuur 7.1*). Duitsland betaalt namelijk de laagste rente, omdat Duitsland als het meest veilige land wordt gezien om aan te lenen. Waarschijnlijk zijn commerciële banken óók veel verder gegaan dan verantwoord was, omdat ze er vanuit zijn gegaan dat het IMF en de Europese Unie toch wel noodkredieten zouden verstrekken aan landen die eventueel in moeilijkheden zouden komen.

Het kunstmatig laag houden van de kapitaalmarktrente door een centrale bank leidt altijd tot het verstrekken resp. opnemen van teveel krediet. Maar tot hoeveel "extra krediet" dat uiteindelijk leidt, wordt bepaald door de mate waarin dat krediet is "afgeprijsd", dus van de mate waarin de kapitaalmarktrente door het ingrijpen van een centrale bank naar beneden wordt gedrukt.

Het niveau van de kapitaalmarktrente op een werkelijk vrije markt, dus zonder invloed van een centrale bank etc., wordt het "natuurlijke niveau" genoemd. Stel dat op een gegeven moment het natuurlijke niveau van de kapitaalmarktrente in Duitsland op 5% ligt en in Griekenland, dat door de financiële markten als veel minder veilig wordt gezien, op 10%. Stel ook dat de Duitse centrale bank de kapitaalmarktrente kunstmatig op 4% brengt en de onafhankelijke Griekse centrale bank de kapitaalmarktrente op 8%. Simpel gezegd daalt de rente in beide landen met ca. 20% t.o.v. het natuurlijke niveau en het effect op de kapitaalmarkten zal ongeveer hetzelfde zijn, lenen wordt ca. 20% goedkoper.

Maar sinds het bestaan van de Europese Centrale Bank bestaan er geen nationale centrale banken meer die een eigen rentebeleid voeren. De ECB bepaalt het rentebeleid via de herfinancieringsrente voor de hele Eurozone, dus zowel voor Duitsland als voor Giekenland. Als de kapitaalmarktrente in Duitsland naar 4% gaat door dat beleid van de ECB, is dat van grote invloed voor alle andere landen in de Eurozone en dus ook voor Griekenland. Het renteverschil tussen landen wordt nu alleen nog bepaald door het verschil in risico-opslag dat de kapitaalmarkten aan de verschillende landen toekennen. En zolang commerciële banken en pensioenfondsen bereid zijn veel risico te nemen en een lage risico-opslag voor Griekse staatsleningen accepteren, kan de kapitaalmarktrente in landen zoals Griekenland aanzienlijk dalen. Als de markten in dit voorbeeld slechts 1% risico-opslag t.o.v. Duitse staatsleningen accepteren, gaat de rente op Griekse staatsleningen in dit voorbeeld van 10% naar 5% (4% "Duitse" rente en 1% risico-opslag t.o.v. Duitsland). Dus halveert de kapitaalmarktrente in Griekenland en wordt lenen in de ogen van de Griekse staat en Griekse particulieren, heel erg goedkoop en aantrekkelijk. Iedereen leent er in zo'n situatie een paar jaar lustig op los.

Het hiervoor omschreven voorbeeld komt goed overeen met de praktijk. In *figuur 7.1* is duidelijk te zien hoe de rente op staatsleningen van landen in de Eurozone naar elkaar zijn bewogen in aanloop naar de Euro om zich vervolgens tot 2008, het begin van de kredietcrisis, rond ca. 5% te blijven bewegen. Een dergelijke situatie had voor het tijdperk van de Euro en de ECB nooit kunnen optreden. Want er was niet alleen een valutarisico gebleven (het devalueren van de Drachme in dit geval), maar ieder land had een eigen centrale bank gehad en onafhankelijk van elkaar de herfinancieringsrente kunnen bepalen. Als in Griekenland het opnemen van krediet te excessief zou dreigen te worden, had de Griekse centrale bank door maatregelen de kapitaalmarktrente kunnen laten oplopen. Maar Eurolanden zijn door de Euro nu niet alleen via een munt aan elkaar gekoppeld, met alle problemen zoals onder hoofdstuk *7.3 De Euro* beschreven. Maar zijn door de gemeenschappelijke herfinancieringsrente en andere maatregelen die een centrale bank kan nemen, ook via de kapitaalmarktrente aan elkaar gekoppeld. En dat laatst blijkt dus nog een veel groter probleem te zijn. Weinig mensen realiseren zich dat.

Vanaf het ontstaan van de Euro tot vlak voor de Eurocrisis, heeft er in de PIIGS landen een ware leenorgie plaats gevonden. De onderstaande *tabel 1* geeft aan wie heeft geleend van wie en hoeveel. De bedragen zijn uitgedrukt in miljard Euro.

Bedragen in miljard Euro	Totaal geleend	Daarvan bij: Duitse banken	Franse banken	Engelse banken
Griekenland	307	59	98	20
Portugal	372	61	59	31
Ierland	1127	239	78	244
Spanje	1430	309	286	148
Italie	1820	247	664	100
Totaal	**5056**	**915**	**1184**	**543**

Tabel 1, de totale schuld van de 5 zwakste Eurozone landen, uitgesplitst naar het land waarin de bank gevestigd is die dat krediet heeft verschaft, stand voorjaar 2010. Bron: Bank for International Settlements, Basel

De stand is per voorjaar 2010, vlak voor dat de Eurocrisis echt een thema werd. Het betreft hier leningen die door banken uit Eurozone landen aan de 5 zwakste Eurozone landen zijn verstrekt. Hier is te zien hoe groot de schuld is die deze 5 landen bij Engelse, Duitse of Franse banken hebben. Zo is Italië Frankrijk 2/3 Triljoen Euro schuldig. Overigens hoort Frankrijk ook niet in de "harde Eurogroep" thuis. De eigen staatsschuld bedroeg in 2015 volgens het Europese bureau voor de statistiek "Eurostat", ca. 96% van het bruto nationaal product. Volgens het verdrag van Maastricht is slechts 60% toegestaan.

Maar, zoals wel eens wordt gezegd, krediet is slapende achterdocht. Echter, die achterdocht kan ook weer wakker worden. Dat is een geleidelijk proces, maar het gebeurt altijd weer. En in de Eurozone werd de achterdocht langzaam wakker in 2010. De twijfel die financiële markten bekroop was de vraag of de zuidelijke Eurolanden al die (staat)schulden wel ooit konden terug betalen. Hoe die achterdocht wakker werd is goed zichtbaar in *figuur 7.1* . Duidelijk is te zien hoe de rente van de zwakste Eurolanden ongeveer een jaar na het begin van de kredietcrisis omhoog schoot. Maar wat was er aan de hand? In het najaar van 2008 raakten veel commerciële banken in Amerika en Europa in de problemen. Ze werden gedwongen grote afschrijvingen te doen op hun hypotheek portefeuille. Een aantal banken kwamen direct in liquiditeitsproblemen, sommige waren feitelijk failliet. De kredietbel was geknapt, de economieën van Amerika en Europa kwamen onmiddellijk in een recessie terecht volgens het principe zoals omschreven is onder hoofdstuk *2.6 De anatomie van een kredietcrisis*. Overheden moesten banken ondersteunen of industrieën onder de arm nemen. En met subsidies werd in veel landen geprobeerd de economie op gang te houden. Kortom, de staatsbudgetten van veel landen werden na het knappen van de kredietbel zwaar belast. Zodanig zwaar zelfs dat de kredietmarkten het vertouwen begonnen te verliezen in het vermogen van een aantal landen, om hun staatsschuld uiteindelijk te kunnen terug betalen.

Vanaf 2009 was het risicobewustzijn weer volop terug in de markten. En dat manifesteerde zich in een omhoog schietende risico-opslag t.o.v. Duitse staatsleningen die de kapitaalmarkten begonnen in te prijzen voor landen als Griekenland, Portugal, Spanje, Italië en Ierland. En dat betekende dus een sterke verhoging van de kapitaalmarktrente die deze landen voor nieuw uit te geven staatsleningen moesten betalen. Voor landen als bijv. Griekenland en Portugal werd het feitelijk onmogelijk om nog geld op de kapitaalmarkt te betrekken. Maar het had ook grote gevolgen voor de bezitters van reeds uitgegeven staatsleningen van die landen.

En die bezitters waren o.a. veel Europese banken die voor astronomische bedragen aan die landen hadden uitgeleend.

Wanneer de rente op de kapitaalmarkt voor bijv. Griekse of Portugese staatsleningen stijgt, is het niet zo dat partijen die al in het bezit zijn van die staatsleningen nu meer rente op dezelfde leningen krijgen. Dat principe is ook onder hoofdstuk *2.5 Hoe centrale banken de kapitaalmarktrente beïnvloeden* toegelicht. De markt waardeert juist een lening af, terwijl de rente die wordt betaald in nominale zin, gelijk blijft. Omdat dit principe enerzijds zo belangrijk is, maar anderzijds ook altijd weer lastig blijkt om goed te begrijpen, is onderstaand nogmaals een rekenvoorbeeld gegeven.

Stel de Griekse staat geeft in 2007 een lening uit van € 50 miljoen, in stukjes van €1000, met een looptijd van 10 jaar, tegen een rente van 4%. Concreet geeft een stuk van €1000 dan jaarlijks een rente van €40. Maar na alle onrust en zelfs een reële kans op een faillissement van de Griekse staat, waardeert de markt deze lening nu nog op €250. De rente die wordt betaald blijft echter €40, hetgeen een rente t.o.v. de nieuwe marktwaarde vertegenwoordigd van 16%. Dit voorbeeld komt vrij goed overeen met de beweging van de kapitaalmarktrente voor Griekse staatsleningen in de aanloop naar de Eurocrisis van 2011. Maar de bezitters van deze Griekse staatsschuld zoals commerciële banken en pensioenfondsen, moeten op die lening in dit voorbeeld nu dus ook 75% afschrijven. In ieder geval zolang de kapitaalmarkten een hoge risico-opslag blijven hanteren en de kapitaalmarktrente dus 16% blijft.

Het kan overigens wel zo zijn, dat na verloop van tijd de kapitaalmarkten de risico-opslag voor staatsleningen van bepaalde landen weer verlagen, als ze denken dat de staatsfinanciën van de betroffen landen er beter voor komen te staan. Dan daalt de rente op de kapitaalmarkten weer enigszins en hoeven de bezitters van reeds uitgegeven staatsleningen ook minder af te schrijven.

Commerciële banken, die moeten afschrijven, zullen verliezen moeten nemen en dat gaat altijd ten koste van het kernkapitaal. Dat kernkapitaal bestaat uit de reserves die een bank heeft en die kunnen worden gebruikt als basis voor nieuwe kredietverlening. Maar ook om verliezen die op eerder verstrekte kredieten zijn ontstaan, te dekken. Die reserves zijn eerder opgebouwd uit o.a. de "fracties" die zijn achter gehouden bij het uitlenen van spaargelden (zie ook hoofdstuk *2.3 Inflatie en deflatie* voor de beschrijving van het fractionele banksysteem). Daarnaast wordt de winst die een commerciële bank in eerdere jaren gemaakt heeft en die niet is uitbetaald aan de aandeelhouders maar "opzij gezet is" tot de reserves gerekend. Kernkapitaal wordt ook gevormd als een bank aandelen of obligaties uitgeeft. Maar die hoeveelheid kernkapitaal (uitgedrukt t.o.v. de uitstaande kredieten wordt dit de kernkapitaal verhouding of Tier-1 ratio genoemd), werd nadat de kredietcrisis in 2008 uitbrak, het zorgenkind. Was in de tijd voordat de kredietcrisis uitbrak, de kernkapitaal verhouding van de gemiddelde Europese commerciële banken slechts ca. 5%. Na de kredietcrisis lag die nog veel lager, sommige commerciële banken waren feitelijk failliet. Ze hadden dan een zgn. negatief eigen vermogen, de afschrijvingen die ze in 2008 op hun kredietportefeuille moesten nemen, waren meer dan hun kernkapitaal. En als een aantal banken niet door het land waarin ze gevestigd waren van noodleningen waren voorzien, of simpelweg gekocht, dus genationaliseerd waren, dan waren een aantal commerciële banken na de kredietcrises al omgevallen. Eigenlijk vechten commerciële banken sedert de kredietcrisis voortdurend tegen hun faillissement. De Europese (en Amerikaanse) commerciële banken kunnen dus vrijwel niets hebben. En een nieuwe ronde van afschrijvingen op leningen van de zuidelijke Eurolanden zal een aantal commerciële banken gegarandeerd de das omdoen.

7.5 De beste oplossing voor de Eurocrisis

De Eurocrisis is niet anders op te lossen dan door afschrijving, of op zijn minst gedeeltelijke afschrijving, van de schulden van landen die deze toch nooit meer (volledig) zullen kunnen terug betalen. Immers, een land dat niet meer in staat is de gemaakte schulden af te lossen, gaat dit niet plotseling wèl lukken wanneer het eerst maar meer zou kunnen lenen op de kapitaalmarkt. Anders was het nooit zo ver gekomen en waren er al veel eerder met succes maatregelen genomen die eerst tot een stabilisatie en vervolgens tot een terugbetaling van schulden had geleid. Hoewel dit vroeg of laat onvermijdelijk gaat gebeuren, heeft deze stap grote gevolgen voor de creditverstrekkers aan deze landen, zoals commerciële banken en pensioenfondsen. Daarom probeert de politiek dit proces met hand en tand tegen te sturen.

Bovendien horen dergelijke landen voorlopig ook niet in de Eurogroep thuis. Zeker een land als Griekenland voldeed bij de start van de Euro ook niet aan de criteria voor toetreding. Het zou juist voor die landen veel beter zijn wanneer ze de Euro, op zijn minst tijdelijk, zouden kunnen verlaten. De valuta van die landen zou na het uittreden uit de Eurogroep natuurlijk direct devalueren. Maar dat zou de concurrentiepositie van die landen ook direct sterk verbeteren. Producten uit bijv. Griekenland of Portugal zouden direct ca. 50% goedkoper worden en er zou heel snel weer vraag naar ontstaan. Daardoor zou in ieder geval de lokale economie weer snel kunnen herstellen. En de werkloosheid zou eerder dalen dan stijgen, want er is vraag naar die goedkope producten (denk ook aan vakanties) uit deze landen. Dit hele mechanisme is beschreven onder hoofdstuk *7.3 De Euro*.

Een land als IJsland, dat sterk geraakt werd door de bankencrisis, heeft dit proces doorlopen. En de economie van het land herstelde vlot. De IJslandse munt devalueerde na de bankencrisis snel; omdat IJsland geen deel uitmaakt van de Eurogroep kon dat ook gebeuren. Bovendien heeft het land zelf, als soevereine staat, maatregelen kunnen nemen en kon op haar eigen manier met de kredietcrisis omgaan. Daaronder ook het besluit om buitenlandse houders van spaarrekeningen bij IJslandse banken maar beperkt schadeloos te stellen en de IJslandse belastingbetaler niet volledig voor de schade te laten opdraaien. Dit alles beviel de IJslandse bevolking kennelijk zo goed dat het land eind 2013 heeft besloten, om geheel af te zien van enige deelname aan de EU, laat staan de Euro. De toenaderingsprocedure tot de EU is door IJsland afgebroken. En 8 jaar na de kredietcrisis (oktober 2016) is de economie verdubbeld.

Het grote probleem is natuurlijk de afschrijvingen op staatsschulden van de Zuid-Europese landen, die investeerders zoals pensioenfondsen maar vooral banken moeten doen. Te beginnen bij Griekenland en Portugal. Wat dat betreft is *tabel 1* zeer illustratief. Banken hebben er dus grote belangen bij dat er niet wordt afgeschreven op staatsschulden uit deze landen. Dat kan alleen maar worden voorkomen, indien andere partijen voor deze staatsschulden garant gaan staan en/of voorkomen dat de betreffende landen failliet gaan. En die partijen zijn altijd weer dezelfde, het Internationale Monetaire Fonds (IMF), een centrale bank, in dit geval de ECB en de (Europese) belastingbetaler. En banken proberen deze partijen inclusief de politiek natuurlijk onder druk te zetten om in te springen. Ze zijn namelijk te groot om ze te laten vallen, het financiële systeem zou uit elkaar vallen, daarom zijn ze "systeem relevant", ze zijn "too big to fail". De vraag is of dat juist is, er zijn scenario's te ontwikkelen waarbij banken gecontroleerd failliet gaan en in ieder geval de kleinere spaarders buiten schot blijven. Bovendien zijn er ramingen (voor wat ze waard zijn) die zeggen dat een uitreden van Griekenland uit de Euro met een "schade" van circa 35 tot 40 miljard bekeken zou zijn geweest.

Inmiddels is er sedert begin 2014 al meer geld naar Griekenland gevloeid in de vorm van kredieten uit het IMF en de Europese noodfondsen EFSM en ESM (zie hoofdstuk *7.6 De EU oplossing voor de Eurocrisis*). En voor deze noodfondsen staan natuurlijk de Europese belastingbetalers en hun kinderen en kleinkinderen garant.

Naast het voorkomen van afschrijvingen op hun bezit aan dubieuze staatsleningen hebben de banken er ook groot belang bij dat deze landen in de Eurogroep blijven, omdat anders ook het valutarisico weer zou terugkeren. En dat komt mooi uit, want er is nog een partij die daar groot belang bij heeft. Dat zijn die politici en vooral de Brusselse bureaucraten, die geloven in een federaal (of is het feodaal?) Europa. De Euro is natuurlijk het vlaggenschip van dat Europa. Dat creëert een sterke band tussen de banken en deze politici, dat is de onheilige alliantie. Niet alleen de banken moeten worden gered, ook de Euro moet worden gered. En dat kan alleen maar in een federaal Europa, waar "Brussel" steeds meer de regie gaat voeren en waar soevereine natiestaten steeds minder van belang zijn. Sterker nog, die lopen Brussel alleen maar in de weg. Eigenlijk is de crisis een uitkomst voor Brussel, wat jaren lang niet gelukt is via politieke besluiten, tot referenda over een Europese grondwet aan toe, kan nu met deze crisis in de hand worden afgedwongen.

Over het afschaffen van de soevereine lidstaten van Europa is het denken al verder dan veel Europese burgers zich realiseren. In november 2010 verklaarde de Europese president Herman van Rompuy tijdens de G20 top in Seoul (*figuur 7.2 op de volgende pagina*), dat het idee dat (Europese) landen zelfstandig kunnen voortbestaan een leugen en een illusie is. Veel burgers hebben zich waarschijnlijk niet gerealiseerd (en zeker in 2010 niet) dat de EU president dergelijke uitspraken deed.

Figuur 7.2, op de G20 summit, gehouden in november 2010 in Seoul, verklaarde EU president Herman van Rompuy (middelste rij, 2e van links), dat het een leugen was te denken dat Europese landen zelfstandig kunnen blijven voortbestaan. *Foto via Wikimedia Commons*

De vraag blijft nog even namens wie van Rompuy eigenlijk spreekt, want hij is in ieder geval niet door die Europese burgers gekozen.

Letterlijk genomen zegt van Rompuy op deze G-20 top, dat het Koninkrijk der Nederlanden geen bestaansrecht meer heeft en dat de gedachte dat dit land op eigen benen kan blijven bestaan een illusie en een leugen is. Eigenlijk is Herman juist zelf de jokkebrok. Het Koninkrijk der Nederlanden is met een staatsschuld van ca. 72% (april 2014) nog ver onder de gevarenzone van 150%. Dit niveau wordt nl. door economen als kritiek gezien, omdat er daarna geen weg meer terug is van een faillissement. En het komt juist in de gevarenzone, wanneer het garant gaat staan voor schulden die het zelf niet heeft gemaakt. Maar die veroorzaakt zijn door het volslagen onverantwoorde beleid van een aantal landen dat wèl deel uitmaakt van de Euro groep, maar zich niet aan de begrotingsafspraken heeft gehouden die daar bijhoren. Het is dus precies omgekeerd, het wordt pas gevaarlijk wanneer Nederland haar status als soevereine staat opgeeft.

Hoe zeer van Rompuy's uitspraak niet deugt, is ook goed te zien in de koersbewegingen tussen de Zwitserse Frank en de Euro. Deze is gegeven in *figuur 7.3* op het volgende blad. Een decennium, tot medio 2010, bewoog de koers zich nooit onder CHF 1,47. Maar met het inzetten van de Eurocrisis dook de koers van de Euro naar beneden. In augustus 2011 en januari 2015 bewoog de Euro zich kortstondig zelfs rond een koers van CHF 0,98! Valutahandelaren die een veilige vluchthaven zochten voor hun liquide middelen doken massaal in de Zwitserse Frank. Blijkbaar hadden de valutahandelaren veel meer vertrouwen in de valuta van dit kleine soevereine alpenland dan in de Euro, de munt van het grote blok van Eurolanden.

Als de Zwitserse centrale bank niet had ingegrepen door interventies op de valutamarkt, zou de wisselkoers waarschijnlijk nog steeds rond pariteit zijn (1Frank=1Euro). Maar de Zwitserse centrale bank (SNB) begon op uitgebreide schaal in de valutamarkt in te grijpen. Ze kocht vooral Euro's op en betaalde deze met gedrukte Zwitserse Franken. De SNB wist zo de koers te stabiliseren rond het niveau van 1,20 Frank tegenover de Euro. En van september 2011 tot eind januari 2015 wist de SNB deze koers ook met succes te verdedigen door voortdurende interventies op de valutamarkt. Maar zoals altijd, bleken de marktkrachten uiteindelijk te sterk. De SNB moest de koers loslaten en deze bewoog opnieuw snel richting pariteit om voor de rest van 2015 net onder 1,10 te stabiliseren.

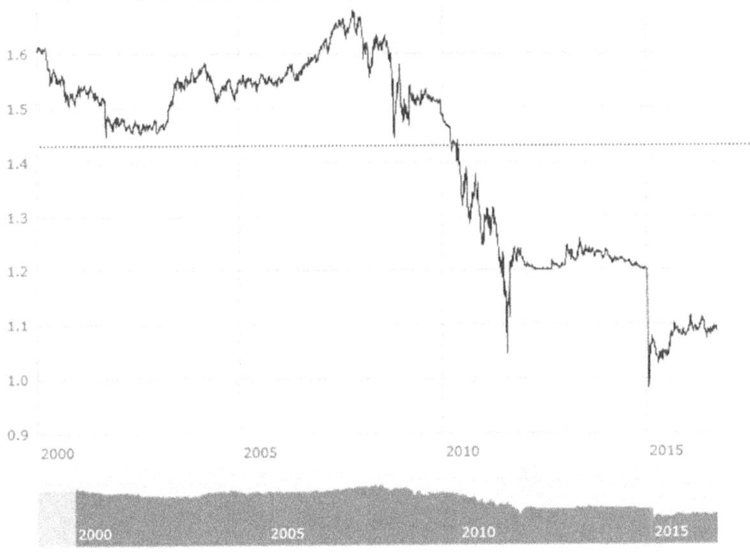

Figuur 7.3, de koers van de EURO t.o.v. de Zwitserse Frank tussen 1 januari 2000 en 1 oktober 2016 *Bron ECB*

Samenvattend, het zou voor iedereen het beste zijn geweest wanneer op staatsleningen van landen zoals Griekenland en Portugal snel een reëel bedrag was afgeschreven. Dat was vrijwel zeker hanteerbaar gebleven voor de bankensector. Vervolgens hadden deze landen buiten de Eurozone moeten treden. Daarmee kunnen ze natuurlijk heel goed binnen de EU blijven als handelspartner binnen een handelszone zonder binnen grenzen. Ze zouden op eigen kracht hebben kunnen herstellen. Dit zou, zoals ook de monetaire geschiedenis keer op keer laat zien, veel sneller zijn gebeurd dan nu het geval is. En ook met veel minder werkelozen, vooral onder de jeugd.

Maar de werkelijke drijfveren voeren in een heel andere richting, zoals in dit hoofdstuk is geïllustreerd. En die drijfveren hebben niets te maken met de belangen van de burgers in de Eurolanden en al helemaal niet met de belangen van de burgers in de landen die door de financiële crisis in moeilijkheden zijn gekomen, zoals Griekenland en Portugal. Het gaat om het redden van de banken en van de Euro als het prestigeproject van het federale Europa. Dus meer macht naar "Brussel" ten koste van de soevereine natiestaten. Mocht iemand er nog aan twijfelen dat dit de richting is waar de Brusselse machtelite altijd al naar toe heeft gewild, dan is het goed om hier Jaques Delors aan het woord te laten. Hij was van 1985 tot 1995 voorzitter van de Europese Commissie. Op 23 januari 1990 deed hij voor de Franse televisie de volgende uitspraak*:

> **"Het is mijn doel dat voor het einde van dit millennium, Europa een werkelijke federatie is"**

Die Eurocrisis wordt nu aangegrepen om Europa versneld in de richting van een federaal Europa te manoeuvreren. Waarschijnlijk leidt de nu ingeslagen weg uiteindelijk tot catastrofale gevolgen. En daar gaat het volgende hoofdstuk over.

7.6 De EU oplossing voor de Eurocrisis

De EU strategie die wordt gehanteerd om de Euro te redden wordt in de financiële wereld "extend and pretend" genoemd. Ofwel, probeer de patiënten (de zieke Eurolanden) zo lang

---

* "My objective is that before the end of the millennium Europe should have a true federation. The Commission should become a **political executive** which can define essential common interests...responsible before the European Parliament and before the nation-states represented how you will, by the European Council or by a second chamber of national parliaments."

mogelijk in leven te houden en doe net alsof er niets aan de hand is, in de hoop dat de bui overwaait. En zorg natuurlijk vooral, dat het land een deel van de staatsschulden gaat terugbetalen, zonder dat erop afgeschreven hoeft te worden.

Omdat er de komende jaren nog vele akten zullen worden toegevoegd aan het "extend and pretend" theater, wil ik mij hier beperken tot de hoofdlijn. Een beschrijving van het principe. Dat is niet zoveel anders dan wat gebeurt bij een dreigend faillissement van een bedrijf, dat van een bank of overheid noodkredieten krijgt maar ook onder curatele gesteld wordt. Bijv. doordat er in de top van het bedrijf extra bestuurders aan de directietafel komen, die bij de bedrijfsvoering vooral op de belangen van de kredietverschaffer toezien. In plaats van het bieden van een oplossing leidt dit vaak tot lang slepende drama's, zoals in de jaren 80 met het Rijn-Schelde-Verolme concern, dat jarenlang op kosten van de belastingbetaler in leven werd gehouden en uiteindelijk toch ter ziele ging. Deze financiële constructies werken bijna nooit, omdat de achterliggende problemen niet worden opgelost, maar alleen worden gecamoufleerd door de nieuwe kredieten.

Veel meer voorkomend is natuurlijk een dreigend of direct faillissement van een bedrijf, dat door een curator wordt afgehandeld zonder dat er nog extra kredieten in dat bedrijf worden gepompt. Dit op een zodanige wijze, dat de crediteuren zoveel mogelijk van hun geleende geld terug krijgen. Overigens is hier vooral ook de werkgelegenheid het best mee gediend, want functionerende bedrijfsonderdelen brengen veel meer op dan los verkochte inventaris en lege bedrijfsgebouwen. Het is eigenlijk het beste scenario voor iedereen. Crediteuren krijgen, zoveel als in redelijkheid mogelijk is, hun geld terug. Maar niet alles en dat is ook logisch, want crediteuren lopen nu eenmaal een risico in ruil voor een hoger rendement. Echter veel belangrijker, eventueel gezonde bedrijven of bedrijfsonderdelen kunnen een doorstart maken, zonder de sleepankers van de schuldenlast van het oude bedrijf. Een goed voorbeeld hiervan is DAF-trucks. Het bedrijf was structureel gezond, maar had in het begin van de jaren 90 enkele financiële lijken in de kast aangetroffen, bij de overname van Leyland-Trucks, de vrachtwagen divisie van British Leyland. Hierdoor kwam het bedrijf in grote financiële problemen en dreigde failliet te gaan. Maar na een schuldsanering kon het bedrijf een doorstart maken. Meer dan vijfentwintig jaar na deze doorstart is DAF-trucks nog steeds een gezond bedrijf, nu als onderdeel van het Amerikaanse vrachtwagen concern Paccar. Vertaald naar Griekenland zou dat betekenen dat het land, na gedeeltelijke kwijtschelding van schulden, een doorstart zou kunnen maken buiten de Euro. Griekenland dat lang niet zo gezond is als DAF in dit voorbeeld, zou overigens wel degelijk aanpassingen moeten maken in haar staatsfinanciering. Maar het heeft daarna ook een reële kans op een doorstart.

Precies daarom is dit scenario ook niet aan de orde bij de "redding" van Eurolanden. Daar gaat het er alleen om dat de crediteuren (Europese banken) niet op hun uitstaande leningen zoals Griekse staatsschulden hoeven af te schrijven, omdat zij dit verlies niet kunnen nemen. En natuurlijk dat gelijktijdig de Euro wordt gered. Dat "Brussel" meer invloed krijgt is mooi meegenomen en het is ook een achterliggende agenda. Dit gaat wel ten koste van de bevolking, hun welvaart en werkgelegenheid en de soevereiniteit van hun land.

Het is niet zo dat financiële markten zich door het "extend and pretend" theater bij de neus laten nemen. Zoals in *figuur 7.1* te zien is werden op het hoogtepunt van de Eurocrisis Griekse staatsleningen massaal van de hand gedaan, met als gevolg een sterk oplopende rente. De situatie kwam pas tot rust toen de directeur van de ECB de financiële markten beloofde om alles te doen wat noodzakelijk was om de Euro te stabiliseren. Dit is

"ECB-taal" voor het onbeperkt uit de markt kopen van staatsleningen van Eurolanden in financiële moeilijkheden. Hoe het mechanisme werkt is beschreven in hoofdstuk *2.5 Hoe centrale banken de kapitaalmarktrente beïnvloeden*. Dit gaat overigens volledig in tegen het mandaat dat de ECB kreeg bij haar oprichting en de invoering van de Euro. Want het zou in de praktijk betekenen, dat alle burgers van Eurolanden dit soort financiering via inflatie en dus koopkrachtverlies van hun spaargeld betalen.

Samenvattend komt de "extend and pretend" op het volgende vierstappenplan neer:

1. Een land in de Eurozone. dat in problemen is geraakt, krijgt noodkredieten in enige vorm. Deze zijn betaald en/of gegarandeerd door belastingbetalers uit sterkere economieën (in de praktijk de sterkere Eurozone landen en landen die aan het IMF bijdragen).
2. Landen die noodhulp aanvaarden, verliezen feitelijk een belangrijk deel van hun soevereiniteit.
3. Landen die noodhulp aanvaarden, accepteren ook dat ze in de Eurozone blijven, waardoor hun economie in een diepe depressie terecht komt.
4. De ECB probeert de rente op staatsschulden van het betrokken land beheersbaar te houden, door tegen het ECB-mandaat in, zonodig onbeperkt deze staatsschulden op te kopen.

Als afsluiting van dit hoofdstuk is het goed nogmaals Thomas Jefferson, derde president van Amerika, aan het woord te laten:

> **"I place economy** (spaarzaam zijn) **among the first and most important virtues and public debt as the greatest of dangers to be feared...**
> **We must not let our rulers load us with perpetual debt.**

We must make our choice between economy and liberty or profusion and servitude."

De inwoners van landen als Griekenland, Portugal, Spanje, etc. zijn eigenlijk de moderne slaven geworden. Ze lossen de staatsschulden af die ze maar beperkt gemaakt hebben of waarvan ze de consequenties in ieder geval niet hebben overzien. Het maken van die schulden is destijds aangemoedigd door een kunstmatig laag gehouden kapitaalmarktrente, met dank aan de ECB. En als het afbetalen van die staatsschuld niet gaat lukken - en deze auteur denkt dat dit uiteindelijk het geval is -, staan andere belastingbetalers, voornamelijk uit de andere Eurozone landen garant. Of beter gezegd, ze gaan de rekening betalen, die ze al eerder, via het verstrekken van de noodkredieten hebben voorgeschoten. Dat betekent een enorme overheveling van geld van de rijkere naar de armere Eurolanden. De Duitsers noemen dat de "Transferunion". Een idee dat overigens nadrukkelijk wordt uitgesloten in het "Verdrag van Maastricht", dat eigenlijk de basis vormt voor de Eurozone. Wanneer burgers van "transferlanden" zich dat gaan realiseren, de meesten doen dat nu nog niet, zullen velen razend worden. En al deze offers, zowel van de landen die in moeilijkheden zijn gekomen, als van de transferlanden, in naam van een verenigd Europa? Omdat alleen zo de vrede, veiligheid en stabiliteit van Europa gewaarborgd zou kunnen worden? Hoe gek wil men het nog hebben? Het zal de EU alleen maar verdelen.

7.7 "Extend and pretend" in de praktijk

In dit hoofdstuk wordt ingegaan over de manier waarop het hiervoor genoemde 4 stappenplan tussen eind 2009 en begin 2014 in de praktijk grofweg is uitgepakt. En het zal waarschijnlijk de marsroute voor de nabije toekomst vormen.

Stap 1, de noodkredieten

Toen eind 2009 het duidelijk werd dat landen als Griekenland, Ierland, Portugal Spanje en Italië in de problemen zouden kunnen komen of al waren (Griekenland), werd gezocht naar mogelijkheden om deze landen krediet ter beschikking te stellen. Er waren eerder ook geen instituties in het leven geroepen om hierin eventueel te voorzien, omdat dit tegen het verdrag van Maastricht in zou gaan. En dit verdrag vormt nu eenmaal de basis waarop een aantal landen hebben besloten tot deelname aan de Euro. Daarom was de eerste stap, dat Eurolanden direct leningen aan Griekenland verstrekten. Ook het IMF sprong bij. Het IMF is primair opgericht om leningen aan derde wereld landen te verstrekken. Het wordt financieel gevoed door belastingbetalers uit de geïndustrialiseerde wereld (vooral Amerika). Omdat duidelijk was, dat het bij de Eurocrisis uiteindelijk om astronomische bedragen kan gaan als men het "extend and pretend" scenario wil volhouden, is het IMF vanaf het begin betrokken geweest. Op 18 mei 2010 werd de eerste tranche van het noodkrediet aan Griekenland overgemaakt. Het bedroeg 20 miljard euro, waarvan 14,5 miljard euro werd bijgedragen door Eurolanden (Nederland 1 miljard euro) en het IMF 5,5 miljard euro.

Het valt buiten het bestek van dit boek om alle krediettranches die inmiddels aan Griekenland en andere landen verstrekt zijn, te beschrijven. Het is ook niet zinvol om het European Financial Stability Facility (EFSF) en de voortdurende wijzigingen van het mandaat van dit EFSF te beschrijven. Want inmiddels is het European Stability Mechanism (ESM) sedert oktober 2012 operationeel. Dit ESM vervangt alle voorliggende maatregelen.

Dit ESM is al volgt opgebouwd:

1. 80 miljard euro wordt direct ter beschikking gesteld door de lidstaten (deze betalingen vloeien vanaf het jaar 2013 in vijf termijnen van 16 miljard euro naar het ESM). Deze 80 miljard is onmiddellijk beschikbaar voor het ESM.
2. Het ESM wil tot 420 miljard op de kapitaalmarkt kunnen lenen in de vorm van door haar uitgegeven obligaties, om dit bedrag vervolgens door te kunnen lenen aan landen in moeilijkheden. Deze ESM-obligaties worden door de lidstaten gegarandeerd via kredietgaranties. Om voor ESM-obligaties een AAA-rating (de hoogste kredietwaardigheid) te bereiken, moet elke lidstaat garant staan voor meer dan zijn eigen aandeel. Als bijv. Spanje een beroep zou moeten doen op het fonds omdat het in moeilijkheden is gekomen, is het feit dat ze garant staat voor de aan haar verstrekte lening in deze situatie niet meer zinvol. Het totale garantiebedrag is daarom in zijn totaliteit hoger, namelijk ongeveer 620 miljard euro.
3. 250 miljard euro wordt indien nodig door het IMF in de vorm van een lening ter beschikking gesteld.

Dit betekent dat, als de kapitaalmarkt uiteindelijk bereid is 420 miljard euro te lenen aan het ESM, dit ESM in het totaal 750 miljard euro kan doorlenen aan landen in problemen. Dat lijkt een astronomisch bedrag, maar wie naar de bedragen kijkt die eerder in *tabel 1* genoemd zijn, ziet dat dit wel mee valt.

Het betekent ook dat de Eurolanden, beter gezegd de belastingbetalers uit deze landen, met elkaar voor 700 (620+80) miljard euro garant staan. In *tabel 2* op de volgende pagina zijn de 5 grootste "garantie staten" gegeven. Daarbij is vermeld voor hoeveel zij procentueel deelnemen aan het ESM en voor welk bedrag ze totaal garant staan. Nederland staat dus in het totaal (directe storting en garantie van ESM-obligaties) voor ruim 40 miljard euro garant. Overigens, de nummers 3 en 4 op de lijst zijn in potentie grote "probleemlanden", gevolgd door Frankrijk. Een land met hoge staatsschulden en een slecht presterende economie. Als het er op aan komt, kunnen alleen Duitsland en Nederland, samen met Oostenrijk en Finland (niet in de tabel) een reële garantie bieden voor de ESM-obligaties. Deze afwegingen zullen de financiële markten natuurlijk ook maken als het er op aan komt. De leencapaciteit van het ESM op de kapitaalmarkten kan nog wel eens flink tegen vallen, als het er om gaat spannen.

ESM lidstaat	Deelname in %	Totale garantie
Duitsland	27,15	190.0 miljard
Frankrijk	20,39	142.7 miljard
Italië	17,91	125.4 miljard
Spanje	11,90	83.3 miljard
Nederland	5,72	40.0 miljard

Tabel 2, garantstellingen van diverse landen t.b.v. het ESM

Overigens ziet ook het IMF dit probleem. Ze kwam oktober 2013 via haar uitgave "Taxing Times" met het idee om, in geval van nood, 10% éénmalige vermogensbelasting te heffen op alle huishoudens met een positief eigen vermogen. Dat is dus nog een alternatieve financieringsbron, net zoals de pensioenfondsen. Want in Spanje zijn die pensioenfondsen al ingezet voor de financiering van de staatsschuld, niet in het belang van de gepensioneerden natuurlijk.

Terug naar het ESM. Ieder weldenkend mens zou verwachten dat tegenover deze royale geste van Europese solidariteit, een maximale transparantie aan de belastingbetaler wordt geboden. Iemand die dat denkt komt echter van een koude kermis thuis. Een greep uit het ESM verdrag.

- Het kan zijn dat uiteindelijk het ESM niet genoeg kapitaal heeft. Dan moet er worden bijgestort. Art. 9 bepaalt dat de ESM leden (de deelnemende landen) binnen 7 dagen "onherroepelijk en onvoorwaardelijk" het noodzakelijk geachte bedrag dienen bij te storten. Onherroepelijk en onvoorwaardelijk betekent natuurlijk ook dat de mening van een parlement niet meer relevant is.
- Art 10 bepaalt, dat het bestuur van het ESM naar eigen goeddunken kan bepalen in hoeverre het kapitaal van het ESM en de garantstellingen die de leden van het ESM afgeven (begin 2014 betrof dit een totale dekking van 700 miljard euro) in de toekomst moet worden verhoogd.
- Art 27 bepaalt dat het ESM volledige juridische immuniteit geniet t.a.v. het door haar gevoerde beleid. Dat is zo geregeld dat het ESM niet alleen immuun is voor juridische procedures. Maar ook voor eventuele stappen van regeringen, parlementen of wetgeving van de deelnemende landen.
- Art 30 bepaalt dat bestuur en medewerkers van het ESM ook persoonlijke immuniteit genieten.

Het ESM is oktober 2012 in kracht gezet, ook door Nederland. Volgens de Algemene Rekenkamer bedroeg het totaal door Nederland in het kader van de Eurocrisis afgegeven staatsgaranties eind 2012 meer dan 200 miljard euro. Een vertienvoudiging sedert 2008. Deze auteur vraagt zich af hoeveel mensen zich dit realiseren. Ter vergelijking, volgens het CBS bedroeg het bruto nationaal product van Nederland in 2012, 607 miljard euro.

Stap 2, het verlies aan soevereiniteit

Maar deze noodkredieten worden niet zonder meer beschikbaar gesteld. Er worden eisen gesteld aan de ontvangende landen. Terecht of niet, dat betekent een directe inbreuk op de soevereiniteit. Er zijn in de praktijk kennelijk drie partijen in het spel:

1. De Europese belastingbetaler. De Europese commissie werpt zich op als vertegenwoordiger van deze groepering. De vraag is echter of zij enige legitimiteit heeft voor deze groep. Want de opvatting kan verdedigd worden, dat de Europese belastingbetaler in feite gedwongen wordt garant te staan en vervolgens vertegenwoordigd wordt door Europese bureaucraten die niet door haar/hem gekozen zijn.
2. Het IMF. Deze organisatie financiert mede de kredieten.
3. De ECB. Deze heeft eigenlijk geen directe rol, ware het niet dat zij met haar geld- en rentepolitiek de kapitaalmarktrente kan beïnvloeden (zie hoofdstuk *2.5 Hoe centrale banken de kapitaalmarktrente beïnvloeden*). Bovendien blijkt zij in de praktijk buiten haar mandaat te treden door simpelweg direct staatsleningen van probleemlanden uit de markt te kopen. Zo wordt de ECB ook een kredietverschaffer en is deze rol in feite geïnstitutionaliseerd.

De Trojka is geboren! En deze blijkt zich binnen de kortste keren met van alles te bemoeien in de probleemlanden. Deze auteur laat in het midden of voorstellen van de Trojka verstandig of onverstandig zijn. Ze zijn vooral gericht op het terugbetalen van staatsschulden. Deze kunnen ook verstandige herstructureringen van de economie bevatten. Maar daar heeft een bevolking in het verleden, om wat voor reden dan ook, niet voor gekozen. En dat is hun soevereine recht, ongeacht of dat in de ogen van Noordwest-Europese landen nu verstandig is of niet. Het moment om daar een mening over te hebben, was bij het kopen van de staatsleningen van die landen, globaal tussen 2002 en 2007. Maar toen gingen investeerders voor het iets hogere rendement op deze leningen. De particuliere investeerders in Griekse staatsschuld hebben overigens wel "meegedeeld" in de misère. Herfst 2011 hebben ze ingestemd met een "vrijwillige" afschrijving van 50% op hun leningen aan Griekenland.

In de praktijk betekenen de voorwaarden van de Trojka vaak massaontslagen bij de overheid, salarisverlagingen voor ambtenaren, enorme besparingen op staatsuitgaven, variërend van sociale uitkeringen tot gezondheidszorg en economische depressie. De betogers op de foto (*figuur 7.4*) lijken zich dit te realiseren. En het bevalt ze niet. Vergelijkbare taferelen doen zich met grote regelmaat voor in andere Zuid-Europese landen, vooral in Spanje. Is dit nu die basis voor vrede, veiligheid en stabiliteit in Europa, waaraan de EU en de Europese commissie haar bestaansrecht menen te ontlenen? Het lijkt meer een recept om vijanden voor het leven te maken.

Figuur 7.4, één van de vele protesten in Griekenland tegen de Trojka voor het parlement, juni 2011
Via Wikimedia Commons, foto: Georgios Giannopoulos

Stap 3, de gevolgen voor de economie

Net zoals in een echt Grieks drama, is hierover eindeloos veel te vertellen. Bijv. over de toenmalige premier George Papandreou, die zich goed realiseerde wat op het land afkwam als het noodkredieten zou accepteren. En daarom een referendum wilde houden. Om draagvlak te krijgen voor maatregelen die in feite het uitleveren van de Griekse soevereiniteit betekenden. Dat referendum ging uiteindelijk niet door en Papandreou trad af.

Ik wil mij hier, als het gaat om de gevolgen voor de Griekse economie, tot een paar hoofdlijnen beperken.

- In 2010 daalde de ambtenaren lonen 30% en de pensioenen 10%.
- In 2012 was de werkloosheid ca. 25%, de jeugdwerkloosheid ca. 50% en er leefde 30% van de mensen onder de armoede grens. Eind 2016 waren deze niveaus nog vrijwel onveranderd hoog met bijv. een werkeloosheid van 23%.
- In 2012 was de staatschuld tot ca. 170% van het bruto nationaal product gestegen en dat zal naar verwachting een aantal jaren zo hoog blijven.
- Tussen 2008 en 2014 is de economie met 23% gekrompen.

Natuurlijk ontgaat dit ook een aantal Europese politici niet. Sociaaldemocraat Martin Schulz zei als voorzitter van het Europese parlement in de herfst van 2013, dat men moest leren van gemaakte fouten, als het ging om het verstrekken van noodkredieten aan landen als Griekenland. Hij vond de voorwaarden voor Griekenland te streng. Inmiddels hebben ook het IMF evenals een aantal Europese landen zich achter deze zienswijze geschaard. In de praktijk betekent dat lagere rente, langere terugbetaalperioden (er wordt al over 30 tot 50 jaar nagedacht) etc. Dat gaat dus op kosten van de verschaffers van de noodkredieten, de (Noordwest)-Europese belastingbetalers. Ik laat graag aan de lezer over of hij tot de leeftijd van 67 wil doorwerken en drastisch op de zorg wil bezuinigen, om het Griekse drama te financieren. Maar dat het tot een economische oplossing leidt in enige vorm, lijkt mij een Griekse mythe. Overigens geldt hetzelfde voor alle andere landen die aan het infuus van het ESM hangen of nog komen te hangen.

Stap 4, ECB interventies op de kapitaalmarkt

Toen ECB chef Mario Draghi in juni 2012 tijdens een persconferentie aangaf, "alles te zullen doen om de Euro te redden", interpreteerden de financiële markten dit als een gegarandeerde bodem in de koersen voor staatsobligaties van landen als Griekenland, Portugal, Spanje etc. En deze gegarandeerde bodem maakt deze obligaties natuurlijk weer aantrekkelijker.

Wereldwijd is de rente op de kapitaalmarkten laag en als het gaat om de rendementen op staatsobligaties van landen als Japan, Duitsland en enkele andere AAA landen zoals Nederland zelfs negatief. Dat komt door het ongebreidelde geld drukken door centrale banken. En dat geld is weer "op zoek naar rendement" in een monetaire omgeving waar dat haast niet mogelijk is. Anders gezegd, beleggers nemen weer steeds meer risico om nog een klein beetje rendement te behalen. Bovendien kopen de Japanse, Amerikaanse en Europese centrale bank inmiddels rechtstreek staatobligaties uit de markt op. De ECB doet dat tegen haar mandaat in, maar wordt in de praktijk weinig in de weg gelegd. Zelfs niet door Duitsland en Nederland, die in de bestuursvergaderingen van de ECB op dit punt worden "weggestemd" door bijna alle andere Euro-landen.

En dat mist zijn uitwerking niet. Dat is op de volgende pagina goed zichtbaar in *Figuur 7.5.* Daarin is te zien hoe de rente op

Portugese staatsleningen na een piek in 2012 weer daalt. Deze grafiek is representatief voor alle PIIGS- landen.

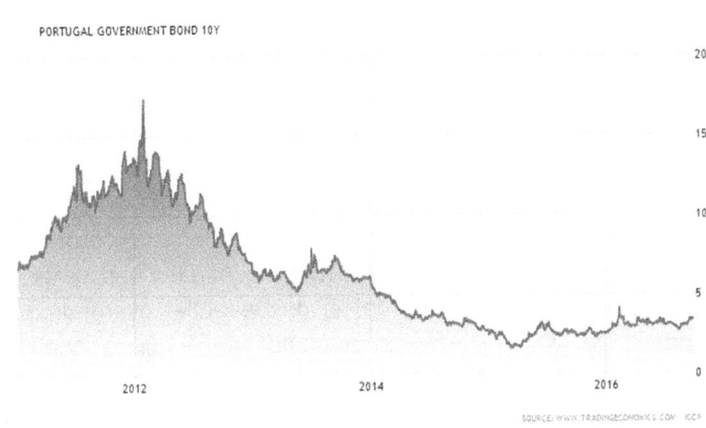

Figuur 7.5, rente op Portugese staatsleningen met een looptijd van 10 jaar bron: http://www.tradingeconomics.com/

Maar is dat niet een déjà vu? Het is precies wat er in de aanloop naar de kredietcrisis van 2009 gebeurde. En het is ook een klassieke aanloop naar de volgende kredietcrisis zoals beschreven onder hoofdstuk *2.6 De anatomie van een kredietcrisis*. En die zijn, zo leert de monetaire geschiedenis, nog nooit goed afgelopen. Er is vrijwel zeker wereldwijd een bubbel voor staatsleningen in de maak. En een van epische proporties (stand januari 2017). Er is dus nog steeds niets veranderd. Of wacht, er is inmiddels toch iets veranderd. De Nederlandse belastingbetaler stond per 2012 volgens de Algemene Rekenkamer garant voor meer dan 200 miljard euro.

7.8 Het resultaat, de Europese welvaartsontwikkeling

Het is duidelijk dat er alles aan wordt gedaan om van Europa een politieke unie te maken. Landen geven steeds meer soevereiniteit aan Brussel af. En landen als Duitsland en Nederland staan in de praktijk min of meer garant voor de schulden van de zwakkere Europese landen. Daarnaast vindt er een sluipende vermogensoverdracht plaats van "Noord" naar "Zuid", door de kunstmatig lage rente. Hierdoor ontvangen burgers minder rente op spaarrekeningen en via hun pensioenfondsen. De landen met de meeste schulden hoeven echter het zelfde bedrag minder aan rente te betalen op hun schulden. En dat is dus effectief overgedragen vermogen. De Duitse verzekeringsmaatschappij Allianz heeft in 2015 uitgerekend dat dit de (Noord-Europese) burgers toen al 500 miljard Euro had gekost. Bovendien vindt er vermogensoverdracht plaats van de landen die netto betalen aan "Brussel", naar de landen die netto ontvangen van "Brussel".

Maar de vraag is of dat alles ook iets oplevert. Dus b.v. meer welvaart voor de gemiddelde Europeaan door een steeds toenemende productiviteit. Omdat de ECB/Eurostat de koopkracht ontwikkeling bijhoudt van alle Europese landen zijn de verschillen tussen de Europese landen ook goed te meten. In deze datareeksen wordt altijd uitgegaan van wat de gemiddelde koopkracht is in de EU. En vervolgens wordt gekeken hoe landen zich t.o.v. dit gemiddelde ontwikkelen. Ik wil als referentie echter Zwitserland nemen. Dat doe ik, omdat het land een relatief kleine overheid heeft. Dus ook een relatief lage belastingdruk en een regelgeving die niet tot een waterhoofd is verworden. Het heeft een relatief lage inflatie in combinatie met een relatief harde munt. Een bevolking die spaart, etc. Geen enkel land is ideaal, maar er zijn toch veel principes die in dit boek beschreven zijn, in de praktijk gebracht. En bovendien is het land geen lid van de EU.

Dat de economische structuur van Zwitserland zo is, is geen toeval. Het land heeft haar unieke directe democratie. Hierdoor wordt haast ieder politiek besluit aan de kiezer voorgelegd, gemiddeld 12 thema's per jaar. Daardoor is de bevolking sterk bij de politiek betrokken en voorstellen, b.v. om het openbaar vervoer sterker te ondersteunen, worden altijd voorzien van een financiële onderbouwing. En in een aantal gevallen betekent dat een belastingverhoging. Andere maatregelen kunnen juist weer tot belastingverlaging leiden. Maar de kiezer beslist steeds en de politiek voert uit. Het "gezonde verstand" is sterk in het politieke systeem ingebouwd.

De Europese welvaartsontwikkeling is gegeven in *figuur 7.6* op de volgende bladzijde. Zwitserland is steeds op 100% gesteld. Deze 100% zou kunnen worden opgevat als maximaal "haalbare welvaart", mits men natuurlijk de economie ook zo inricht als in Zwitserland is gedaan. Maar in veel Europese landen wordt dat niet gedaan. En dat mist zijn uitwerking niet. De grafiek spreekt boekdelen. De gemiddelde welvaart in de Eurozone bedraagt slechts 2/3 van de Zwitserse welvaart. Wat veel ernstiger is, is dat de trend dalend is.

Het verschil wordt door vele factoren veroorzaakt en het zou onjuist zijn om het alleen terug te leggen bij de vraag of een land wel of niet lid is van de EU. Het heeft met alle factoren te maken die in dit boek zijn beschreven. Net zoals het verschil tussen iemand die gezond en fit is en iemand die veel te dik is, niet alleen maar komt omdat de laatste misschien regelmatig Cola drinkt. Het verschil zit hem er in dat de ene persoon er consequent een gezonde levensstijl op na houdt en de ander niet.

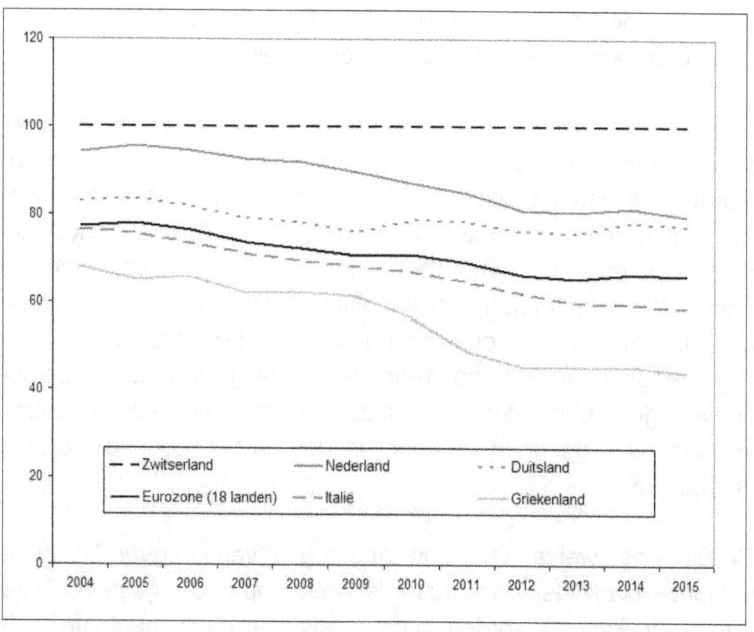

Figuur 7.6, relatieve welvaartsontwikkeling van een aantal Eurozone landen t.o.v. Zwitserland gemeten in lokale koopkracht van de bevolking bron: Eurostat grafiek: Bert Wenkenbach

En de grafiek in figuur 7.6 laat zien wat er gebeurt met een economie die er consequent een gezonde "economische levensstijl" op na houdt. En een economie die dat niet doet. En over een gezonde economische levensstijl gaat dit boek. En dat heeft, net zoals met onze eigen levensstijl, vooral te doen met gezond verstand. En zo zijn we weer bij af.

Truth is tough.
It will not break, like a bubble, at a touch.
Nay, you may kick it about all day,
and it will be round and full at evening.

***Oliver Wendell Holmes, Sr.**, Amerikaanse arts en dichter*

8 Zwarte zwanen, witte zwanen

In de financiële wereld wordt een volledig onverwachte gebeurtenis een zwarte zwaan genoemd. De kredietcrisis van 2008 is waarschijnlijk de moeder van alle zwarte zwanen en domineert nog steeds (2017) de financiële markten. Daarom is deze crisis nog steeds actueel. Toen in 2008 de kredietcrisis toesloeg, beweerden veel economen, tot centrale bankiers aan toe, dat echt niemand dit had kunnen zien aankomen. Ter illustratie twee uitspraken van Ben Bernanke, de toenmalige chef van de Amerikaanse FED, in de aanloop naar die crisis. De eerste betreft de huizenmarkt:

> **"Housing markets are cooling a bit. Our expectation is that the decline in activity or the slowing in activity will be moderate, that house prices will probably continue to rise."**, Ben Bernanke tijdens een hoorzitting voor het Amerikaanse Huis van Afgevaardigden, 15 februari 2006

De Amerikaanse huizenmarkt had juist een top van epische proporties neergezet. Iedereen die dat wilde had een huis gekocht, gefinancierd met een hypotheek. Zelfs ontvangers van een sociale uitkering kregen in die tijd een hypotheek. Dit is goed te zien in de onderstaande *figuur 8.1*. Deze zeepbel in de huizenmarkt was met opzet gecreëerd door (met name) de Amerikaanse en Europese centrale banken. Dit om de economie, die was gaan stagneren als gevolg van de eerder geklapte zeepbel in de mondiale aandelenmarkten (2000-2002), via nieuwe kredietverstrekking weer op gang te krijgen. En Bernanke deed zijn uitspraak precies op het hoogtepunt van de markt.

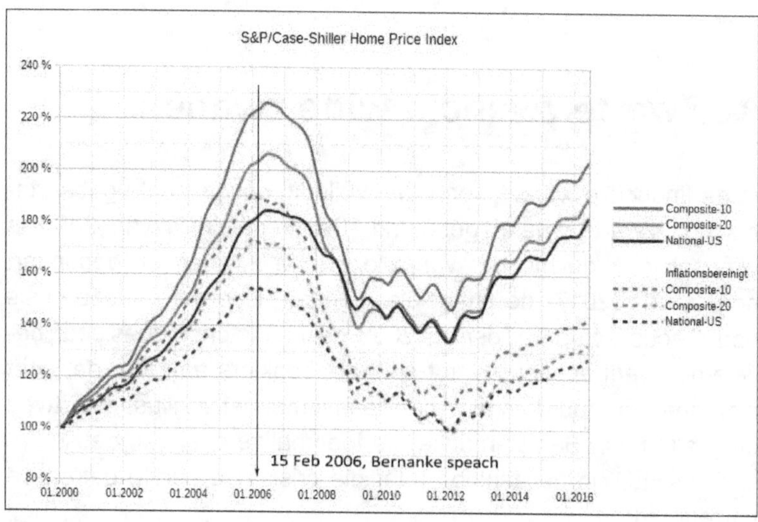

Figuur 8.1, ontwikkeling van de Amerikaanse huizenprijzen 2000-2016 volgens de zgn. Case-Schiller index. Deze wordt wereldwijd als het meest objectief gezien. De bovenste 3 lijnen betreffen de prijzen in de 10 en 20 grootste stedelijke gebieden en "Amerika breed". De onderste 3 lijnen geven de voor inflatie (geldhoeveelheid) gecorrigeerde prijzen. Bron: Wikimedia Commons

Bernanke deed ook uitspraken over de economische groei, de navolgende bijvoorbeeld:

> **"The risk that the economy has entered a substantial downturn appears to have diminished over the past month or so",** Bernanke geciteerd door Bloomberg, 8 juni 2008

Korte tijd later dook de economie wereldwijd in een recessie, waarvan ze anno 2017 nog niet fundamenteel hersteld is.

Er kan een heel boek gevuld worden met dergelijke uitspraken van Bernanke of van zijn opvolger Janet Yellen. Maar deze twee, gedaan door iemand die als de machtigste monetaire functionaris ter wereld wordt beschouwd, spreken boekdelen. En ze zijn representatief voor alle centrale bankiers en in hun kielzog een heel corps van economen.

Een dat hele corps economen, enkele uitzonderingen daargelaten, denkt dat geld creëren door centrale banken en via het fractionele bank systeem goed is. Dit, omdat zo de economie gestuurd en gestimuleerd zou kunnen worden. Wanneer een particulier geld drukt en het met succes in omloop kan brengen, heet dat valsmunterij. En er staan hoge straffen op, want het kan aanzienlijke schade aan de economie toebrengen. Maar wanneer dat geld drukken door deskundige mensen met goede intenties gedaan wordt zou het de economie juist stimuleren? Iedereen zal direct begrijpen dat dit verhaal niet klopt.

Uiteindelijk gaat het altijd mis met een economie die draait op basis van geldcreatie. De achterliggende oorzaken zijn in dit boek uitvoerig toegelicht. Die zelfde economen zijn dan volkomen verbaasd dat zoiets onverklaarbaars heeft kunnen gebeuren omdat ze de schadelijke effecten van de politiek van geldcreatie nooit hebben begrepen. En het onvoorziene economische debacle heet dan een zwarte zwaan.

Zijn er dan geen economen geweest die dit soort monetaire ongelukken, die in de afgelopen eeuwen steeds weer zijn voorgekomen, wel hebben voorzien? Natuurlijk zijn die er geweest, ze hebben sluitende theorieën ontwikkeld waarvan de juistheid met iedere monetaire of economische crisis steeds weer wordt aangetoond. Deze school van economen wordt de Oostenrijkse School genoemd omdat de grondleggers van deze school daar vandaan komen. Als belangrijkste econoom van deze school wordt Ludwig von Mises gezien *(figuur 8.2)*. Von Mises bouwde door op het werk van de eveneens uit Oostenrijk afkomstige Carl Menger (1840-1921) en Eugen von Böhm-Bawerk (1851-1914).

Figuur 8.2, Ludwig von Mises 1881 - 1973 *bron: http://mises.org/*

Reeds op jonge leeftijd was von Mises een invloedrijk en gezaghebbend econoom. In 1912 publiceerde hij zijn boek *Theorie des Geldes und der Umlaufsmittel*, later in het Engels vertaald met als titel *The Theorie of Money and Credit*. Hierin behandelt hij de aard van geld en krediet en de samenhang daarvan met de monetaire politiek van een land. Ofwel, de theorie van de kredietbel. Het is dus niet zo dat de monetaire wereld het de afgelopen 100 jaar zonder een theoretische beschouwing heeft moeten doen, als het gaat om het ontstaan van een kredietbel. Want het boek was ruim voor de kredietcrisis van 1929 beschikbaar en zeker voor de kredietcrisis van 2008.

Waarom is dat boek en Von Mises' denkwijze dan niet aangeslagen? Het antwoord is zoals altijd "Zeitgeist". Von Mises legt eigenlijk de intellectuele basis voor de vrije markt economie. Hoe minder ingrijpen van de staat in de economie, vooral als het gaat om monetaire politiek, hoe beter. Het is de door sociaal democraten, communisten en (nationaal)socialisten zo verfoeide laissez-fair politiek. Die willen precies het omgekeerde en zitten niet te wachten op een econoom die vlijmscherp uitlegt, hoe contraproductief dat is. Het denken van Von Mises kan goed geïllustreerd worden met twee citaten over inflatie en zijn geschreven in een tijd dat interventie door centrale banken als een soort heilige graal werd gezien. En inflatie als iets dat nu eenmaal bij een welvarende maatschappij hoort.

> **Inflation and credit expansion, the preferred methods of present day government openhandedness, do not add anything tot he amount of resources available. They make some people more prosperous, but only to the extent that they make others poorer.**
> (Bureaucracy, Yale University Press 1944, p. 84)

> **Inflation has always been an important resource of policies of war and revolution and why we also find it in the service of socialism.**
> **(The Theory of Money and Credit, p. 255).**
>
> Vrij vertaald komen deze twee citaten op het volgende neer:
>
> Inflatie en krediet expansie, twee methoden die regeringen heden ten dage gebruiken om hun vrijgevigheid te financieren, voegen niets toe aan de beschikbare middelen (in een economie). Ze maken sommige mensen meer welvarend, maar alleen in dezelfde mate waarin ze andere mensen armer maken.
>
> Inflatie is altijd een belangrijk werktuig geweest in dienst van oorlog en revolutie en dat is waarom het ook altijd ten dienste staat van socialisme.

Von Mises vond het veiliger om Oostenrijk in 1934 te verlaten en vestigde zich in Genève. In 1940 vluchtte hij met zijn vrouw via Portugal naar Amerika, omdat hij bang was in Zwitserland gearresteerd te worden. Het was zo ongeveer de laatste reismogelijkheid voor hen. Hoewel hij in Amerika een heel productieve tijd heeft gekend, veel van zijn boeken zijn daar geschreven en uitgegeven, was het voor hem niet mogelijk een leerstoel te krijgen aan één van de gevestigde universiteiten. "The land of the Free" was zelf helemaal in de ban geraakt van de Keynesiaanse economie. Aangevoerd door president Roosevelt, die kort na zijn aantreden in 1933 onder de naam "The New Deal" een heel pakket van Keynesiaanse maatregelen over het land uitrolde, overigens zonder succes. Maar dat kan de lezer van dit boek nauwelijks verbazen.

Von Mises verzamelde wel een aantal economen om zich heen die in zijn geest verder werkten. Zoals de latere Nobelprijs winnaar Friedrich von Hayek (1899 - 1992), Murray Rothbard (1926 - 1995) en de journalist Henry Hazlitt (1894 - 1993). Onder andere deze vier mensen hebben de intellectuele basis voor de vrije markteconomie verder onderbouwd en uitgewerkt. Vooral als het gaat om de zgn. boom-bust cyclus, zoals beschreven in hoofdstuk *2.6 De anatomie van een kredietcrisis*. De cyclus waarin een groeiende economie via een fase van oververhitting in een recessie of zelfs depressie terecht komt. En hoe het politiek mogelijk is dat deze cyclus zich toch steeds weer herhaalt.

Deze boom-bust cyclus is geen gevolg van de vrije markt, zoals de tegenstanders van de vrije markt altijd beweren. Het is juist een gevolg van het feit dat de geld- en kapitaalmarkten niet vrij zijn. Burgers worden gedwongen het papieren geld (en in de toekomst mogelijk alleen nog elektronische geld), dat de overheid per decreet als betaalmiddel heeft vastgesteld, te accepteren. Want alleen zo kan geldcreatie door centrale banken en via het fractionele banksysteem functioneren.

Het alternatief is volgens de economen van de Oostenrijkse School niet alleen een kleine staat. Maar ook dat de staat niet intervenieert in de vrije markten. En vooral niet in de vrije geld- en kapitaalmarkten. Burgers en handelspartners zouden eigenlijk vrij moeten zijn hun geld te kiezen, zoals dat tot de 17e eeuw ook gebruikelijk was. Tot die tijd werden er voornamelijk gouden en zilveren munten gebruikt als betaalmiddel. In de praktijk hanteerden veel economieën daardoor min of meer de gouden en zilveren standaard.

Maar dat belette, zoals in dit boekje uitvoerig is geïllustreerd, overheden geld te drukken en krediet op te nemen. Dus werden centrale banken in het leven geroepen. Een van de eerste daarvan was de "Bank of England", opgericht in 1694 met de ondertekening van de "Bank of England Act 1694" door de Nederlandse Koning-Stadhouder Willem III. Het doel van deze bank was om kredieten aan de staat uit te geven voor de opbouw van een sterke Engelse vloot. Dit, nadat de Engelsen verslagen waren door de Fransen in de slag bij Beachy Head. Een klassiek voorbeeld van het financieren van oorlogsmiddelen.

En zo is de wereld geleidelijk aan in het tijdperk van de centrale banken terecht gekomen. En daarmee ook in het tijdperk van de zwarte zwanen. Het fenomeen van de zwarte zwaan is echter volledig voorspelbaar met de economische denkbeelden van de Oostenrijkse School, denkbeelden die keer op keer weer juist blijken te zijn. Dat is de "inconvenient truth" voor politici die geloven in een maakbare samenleving en alle voorstanders van voortdurende interventie in de economie. Eigenlijk zijn die denkbeelden van de Oostenrijkse School de witte zwanen van de economie, omdat deze er zo goed voorspelbaar mee wordt.

9 Appendix

9.1 Relevante links

Economie:

Ludwig van Mises Institute, over de economie van de vrije markt. Er is een nieuwsbrief beschikbaar en een uitgebreide boekenwinkel met veel gratis E-boeken
http://mises.org/

En de Nederlandse tak van die organisatie
http://mises.nl/

Details over het ESM
https://www.youtube.com/watch?v=5CZr17HLH5U

Niet alledaagse kijk op het alledaagse economische nieuws
https://mishtalk.com/

Economische en politieke ontwikkelingen in historisch perspectief
https://www.armstrongeconomics.com/

Wereldwijde economische data en koersinformatie in overvloed
http://www.tradingeconomics.com/

De Europese Centrale Bank, site met statistische gegevens
http://sdw.ecb.europa.eu/

Federal Reserve System (FED), site met statistische gegevens
https://fred.stlouisfed.org/

Klimaat:

Friends of Science, Canadese organisatie die wetenschappelijke informatie verschaft m.b.t. klimaatverandering over de millennia heen
http://www.friendsofscience.org/

Joanna Nova, Australische klimaat-blogger en wetenschapper
http://joannenova.com.au/

Over dit boek:

Achtergrondinformatie en nieuws over dit boek
http://economy.wenkenbach.com/

9.2 Bronvermelding figuren

Cover	© Bert Wenkenbach, met dank voor het vrije gebruik van https://pixabay.com/nl/huis-woonplaats-blauw-1429409/
Figuur 2.1	Via Wikipedia, bron Classical Numismatic Group INC. http://www.cngcoins.com/
Figuur 2.2	Via Wikipedia, bron: Das Bundesarchiv http://www.bundesarchiv.de/
Figuur 2.3	© Bert Wenkenbach
Figuur 2.4	© Bert Wenkenbach
Figuur 2.5	Via Wikimedia Commons, foto Alex Cunningham https://commons.wikimedia.org/wiki/ File:Northern_Rock_Customers,_September_14,_2007.jpg
Figuur 2.6	Wikipedia, bron: The Economics of Inflation by Costantino Bresciani-Turroni, published 1937.
Figuur 2.7	Door MartinD (Own work) [Public domain],via: https://commons.wikimedia.org/wiki/ File:US_Federal_Reserve_balance_sheet_total.png
Figuur 3.1	Data; "Productivität und Lohnstückkosten der Industrie im Internationalen Vergleich, IW-trends 4/2011" door Christoph Schröder, © 2011, IW Medien • iw-trends 4 Instituut der deutschen Wirtschaft, Köln grafiek; Bert Wenkenbach
Figuur 3.2	Door Steve Saville http://www.speculative- investor.com/
Figuur 5.1	Data; ECB / Eurostat, grafiek; Bert Wenkenbach
Figuur 5.2	Data; Bundesministerium der Finanzen, "Monatsbericht" Dezember 2011, Tabelle 17, grafiek; Bert Wenkenbach
Figuur 6.1	Via Wikipedia, bron: International Monetary Fund https://commons.wikimedia.org/wiki/File:WhiteandKeynes.jpg

Figuur 6.2	http://www.friendsofscience.org/, originele tekst: The graph above shows the temperature changes of the lower troposphere from the surface up to about 8 km as determined from the average of two analyses of satellite data (UAH and RSS). The best fit line from January 2002 to August 2016 indicates a trend of 0.07 Celsius/decade. The sharp temperature spikes in 1998, 2010 and 2016 are El Nino events. The Sun's activity, which was increasing through most of the 20th century, reached a magnetic flux peak in 1992. The Sun has since become quiet, causing a change of trend. The temperature response is delayed about a decade after the Sun's peak intensity to about 2002 due to the huge heat capacity of the oceans. The green line shows the CO2 concentration in the atmosphere, as measured at Mauna Loa, Hawaii.
Figuur 6.3	http://www.friendsofscience.org/
Figuur 6.4	Foto: UNRIC (United Nations Regional Informaion Centre West Europe), https://www.unric.org
Figuur 7.1	Grafiek Bert Wenkenbach, bron: ECB
Figuur 7.2	Via Wikimedia Commons
Figuur 7.3	Europese Centrale Bank (ECB)
Figuur 7.4	Via Wikimedia Commons Foto: G. Giannopoulos https://commons.wikimedia.org/wiki/File:20110629_Moutza_demonstrations_Greek_parliament_Athens_Greece.jpg
Figuur 7.5	http://www.tradingeconomics.com/
Figuur 7.6	Grafiek Bert Wenkenbach, bron: ECB/Eurostat
Figuur 8.1	Via Wikimedia Commons, door Ben776 https://commons.wikimedia.org/w/index.php?title=File:Case_shiller_janv09.jpg&oldid=206262267
Figuur 8.2	Ludwig van Mises Institute, http://mises.org/

www.ingramcontent.com/pod-product-compliance
Lightning Source LLC
Chambersburg PA
CBHW051708170526
45167CB00002B/585

* 9 7 8 1 5 4 3 0 0 9 4 8 4 *